Dr. Renate Brodschild

Geschichtlicher Führer durch den Bezirk Murau

Verlag Erich Mlakar, Judenburg

3. verbesserte Auflage, 1995

© 1978 by Verlag Erich Mlakar, Judenburg – Printed in Austria
Herausgegeben in Zusammenarbeit mit dem
Bezirksfremdenverkehrsverband Murau

Gesamtherstellung: Buch- und Offsetdruckerei Styria, Judenburg
ISBN 3-900289-03-4

Inhaltsverzeichnis

Zum Geleit!

„Doppelt lebt, wer auch Vergangenes genießt", hat einst der römische Dichter Marcus Martial (40 bis 102 n. Chr.) geschrieben. In diesem Sinne will das vorliegende Büchlein ein Führer sein durch den Bezirk Murau für alle jene Gäste, die nicht nur in dieser romantischen Gebirgslandschaft Ruhe und Erholung suchen, sondern auch ein wenig in das Wesen und die Geschichte der gastlichen Bewohner eindringen wollen.

Der Bezirk Murau ist altbesiedeltes Gebiet. Illyrer, Kelten, Römer, Awaren und Slawen haben die prächtigen Alpentäler bewohnt, ehe gegen Ende der Völkerwanderung bairische Siedler das Land in Besitz nahmen.

Erste menschliche Spuren bezeugen jungsteinzeitliche Funde wie die steinerne Pflugschar von Turrach und der Steinhammer von Krakaudorf, aus der Bronzezeit der Fund eines kupfernen Flachbeiles auf dem Leonhardiberg in Murau. Von der Tätigkeit der illyrischen Bevölkerung der frühen Hallstattkultur kündet unter anderem der Fund eines ganzen Handwerkerdepots in Schönberg bei Niederwölz. Die Römer schufen Kulturstätten an den Schnittpunkten der alten Handelsstraßen über die Alpenpässe. Von den Slawen stammen viele Fluß-, Landschafts- und Ortsnamen. Die bairischen Siedler rodeten große Flächen der fast unberührten Urwälder und legten den Grundstein für die heutige Kultur. Geistiges Zentrum wurde das im 11. Jahrhundert gegründete Benediktinerstift St. Lambrecht. Aus dem Mittelalter stammen zahlreiche Burgen, Schlösser und Ruinen, die der Landschaft einen Hauch von Romantik verleihen.

Einen tiefen Einblick in die kulturelle Entwicklung geben uralte Bräuche wie die in vorchristliche Zeit zurückreichenden Faschingsrennen in Krakaudorf, St. Peter am Kammersberg, Oberwölz und St. Georgen ob Murau, die Volksschauspiele in Laßnitz bei Murau und St. Georgen ob Murau und der Samsonbrauch in Krakaudorf und Murau.

Dem Menschen ist nur eine kurze Spanne Zeit beschieden. Als geistiges Wesen vermag er aber über das nachzusinnen, was schon lange vor ihm war und was nach ihm sein könnte. Er kann längst Vergangenes in sein Erleben einbeziehen. Der Geschichtliche Führer durch den Bezirk Murau möge dazu beitragen, nicht nur die majestätische Schönheit der Berge und die Stille der Natur zu genießen, sondern auch das kulturelle Erbe der Menschen kennenzulernen, die diesen schönen Flecken Erde Heimat nennen.

Der Verfasserin dieses Büchleins, Frau Dr. Renate Brodschild, Murau, sei für die ausgezeichnete Arbeit herzlichst gedankt.

Murau, im Juni 1971

DR. FRANZ HARTINGER

Obmann des Bezirksfremdenverkehrsverbandes Murau

Seit geraumer Zeit ist die erste Auflage des Geschichtlichen Führers des Bezirkes Murau vergriffen. Wiederholt haben Gäste sowie auch Gewerbetreibende um Nachlieferung des Geschichtlichen Führers ersucht. Der Bezirksfremdenverkehrsverband **Murau hat daher im Einvernehmen mit dem Verlag Erich** Mlakar, Judenburg, diese überarbeitete Auflage des Geschichtlichen Führers herausgegeben. Der Bezirksfremdenverkehrsverband Murau hofft, daß dieses geschichtliche Nachschlagwerk allen Wissensbegierigen die gewünschte Antwort gibt.

Murau, Juni 1978

RIEDLER
Bezirkshauptmann und
Obmann des Bezirksfremdenverkehrsverbandes

Vorwort

Das Gebiet am steirischen Oberlauf der Mur gewinnt dank seiner unberührten Bergwelt und dank seines historisch-romantischen Zaubers in zunehmendem Maße an Anziehungskraft für den Fremden. Mit dem Wanderführer durch den Bezirk Murau wurde dem Gast wie dem Einheimischen bereits ein umsichtiger Begleiter durch die Landschaft in die Hände gelegt. Wenngleich darin mit zahlreichen Hinweisen, angeknüpft an Spuren vergangener Zeiten, der reichhaltigen Geschichte des Bezirkes gedacht wird, so mag es doch für so manchen Leser von Interesse sein, auch die historische Entwicklung dieses Gebietes kennenzulernen.

Um diesem Anliegen zu entsprechen, ist die vorliegende Arbeit nicht nach landschaftlichen Einheiten oder Ortschaften, sondern im großen und ganzen nach der zeitlichen Aufeinanderfolge der Ereignisse aufgebaut. Dabei wurde darauf Bedacht genommen, in chronologischer Darstellung die Besonderheiten jedes Zeitabschnittes in gesonderten Kapiteln zu erfassen. Es liegt in der Eigenart der historischen Entwicklung des oberen Murtales, daß die wichtigsten Geschehnisse und tiefstgreifenden Veränderungen im Mittelalter und in der frühen Neuzeit liegen. Dieser Umstand mußte auch in der Ausführlichkeit bei der Behandlung der Neuzeit seinen Niederschlag finden.

Bestimmte Ereignisse und einzelne historische Stätten lassen sich erst im Lichte einer die Jahrhunderte überblickenden Gesamtschau zu einem abgerundeten Bild zusammenfügen. Nur so können Wertschätzung und Verständnis für das Gegenwärtige durch Kenntnis und Beachtung des Vergangenen gewonnen werden.

An dieser Stelle möchte ich mich aufrichtig für die freundliche Unterstützung bedanken, die mir von vielen Seiten beim Zusammentragen von Quellen und Schrifttum sowie durch die Beistellung von Bildmaterial zuteil wurde. Mein Dank gebührt vor allem dem Obmann des Bezirksfremdenverkehrsverbandes Murau, Herrn Dr. Franz Hartinger, dem das Erscheinen dieses Büchleins ein besonderes Anliegen war.

Murau, im Juni 1971   Dr. Renate Brodschild

Vorwort zur 3. Auflage

Seit dem Erscheinen der 2. Auflage dieses Geschichtlichen Führers sind für mehrere Ortschaften des Bezirkes eigene Chroniken und historische Festschriften entstanden. Eine umfassende Stadtgeschichte für Murau ist in Vorbereitung. Dies läßt auf ein gesteigertes Interesse an der Vergangenheit unserer engeren Heimat schließen. Aber auch die Nachfrage nach einer kurzgefaßten Gesamtdarstellung der Geschichte des Bezirkes Murau blieb erfreulicherweise so rege, daß nun eine 3. Auflage dieses Büchleins geboten erscheint.

Dem Verlag ist für diesen Beitrag zur Pflege eines breiteren Geschichtsbewußtseins zu danken und dem Leser wünsche ich viel Freude bei seinen Ausflügen in vergangene Zeiten.

Murau, im Juni 1995

Dr. Renate Brodschild

Einleitung

Die Geschichte der Steiermark ist für den historisch interessierten Leser der Schlüssel zum besseren Verständnis der heutigen wirtschaftlichen und gesellschaftlichen Verhältnisse, aber auch zur Wertung des künstlerischen und geistigen Schaffens unserer Vorfahren. Denn Gegenwart und Zukunft eines Landes wurzeln in seiner Vergangenheit.

In dem bunten Bilderbogen steirischer Geschichte hebt sich das obere Murtal als ein Lebensraum mit besonderen geographischen Voraussetzungen heraus. Eingebettet in die prachtvolle Bergwelt zwischen dem Kamm der Niederen Tauern und den Gurktaler Alpen war seine Lage als Durchzugsland stets für die historische Entwicklung entscheidend. Wenngleich das in westöstlicher Richtung verlaufende Tal der Mur einen natürlichen, verkehrsfreundlichen Einschnitt darstellt, ist die geschichtliche Bedeutung dieses Gebietes doch in erster Linie auf die Wichtigkeit der einstigen Nord-Süd-Verbindungen über die Alpen zurückzuführen. Mit dem allmählichen Veröden dieser Paßübergänge in der Neuzeit trat dann auch ein auffallender Umschwung ein, in dessen Verlauf das obere Murtal immer mehr in eine Randlage im historischen und wirtschaftlichen Geschehen in der Steiermark gedrängt wurde.

Der politische Bezirk Murau erstreckt sich entlang des steirischen Oberlaufes der Mur und findet seine Begrenzung weitgehend in den natürlichen Gegebenheiten der Landschaft. Im Norden verläuft die Grenzlinie auf dem Kamm der Niederen Tauern in westöstlicher Richtung bis zum Hohenwart, schwenkt dann nach Südost, schneidet das Murtal bei Unzmarkt und folgt dem Rücken der Seetaler Alpen. Im Westen grenzen der Grat des Prebers, die Talengen bei Seetal und Predlitz sowie der Höhenzug westlich des Turrachgrabens den Bezirk gegen Salzburg ab. Die südliche Begrenzung fällt mit der Kärntner Landesgrenze zusammen und folgt nur streckenweise der Wasserscheide. Denn der nördlichste Punkt des Grenzverlaufes reicht bis Laßnitz bei Murau, während der südlichste die Talmündung des Olsabaches in das Friesacher Becken einschließt.

Zwei bedeutende Furchen durchziehen unser Gebiet in west-östlicher Richtung, nämlich das Murtal von Predlitz bis Unzmarkt und das Kammertal von Seetal bis Oberwölz. Der dazwischenliegende Riegel, die sogenannten „Murberge", wird von drei südöstlich verlaufenden Tälern durchschnitten, dem Rantental, dem Katschtal und dem Wölzertal.

Der überwiegende Teil des Bezirkes liegt verkehrsgeographisch ungünstig und abseits wichtiger Verbindungen für den Fernverkehr. Lediglich der südöstliche Bereich wird von Scheifling über Neumarkt bis Dürnstein von der stark frequentierten Europastraße E 7 (ehemalige Bundesstraße 17) und der Südbahn durchzogen. Murtalaufwärts führt von Scheifling die Bundesstraße 96 und von Unzmarkt die schmalspurige „Murtalbahn" in den Lungau. Dieses Becken verdankt seine verkehrsmäßige Bedeutung den nach Norden und Süden weiterführenden Pässen und beeinflußte bisher nur geringfügig das Verkehrsaufkommen im Murtal. Mit dem Ausbau der Tauernautobahn und der Verwirklichung verschiedener weiterer Straßenprojekte ist jedoch eine wesentliche Verbesserung der Verkehrssituation des Bezirkes Murau zu erwarten.

Der vorherrschende Wirtschaftszweig unseres Gebietes ist die Land- und Forstwirtschaft. Bemühungen um die Ansiedlung von zusätzlichen Gewerbebetrieben sind im Gange. Zukunftsweisend sind jedoch die Bestrebungen, im Fremdenverkehr einen wirtschaftlichen Ausgleich für fehlende Industriebetriebe zu finden. Denn die gegebenen Voraussetzungen bieten dem Erholungsuchenden Ruhe und Entspannung und eröffnen dem Bezirk Murau einen aussichtsreichen Weg in die Zukunft.

Die Entstehung des Murtales

Im erdgeschichtlichen Zeitalter Tertiär, dessen Beginn vor etwa 60 Millionen Jahren angesetzt wird, entstand durch gewaltige Verschiebungen der Erdkruste der Gebirgszug der Alpen. Die Bezeichnung als sogenanntes Deckenfaltengebirge weist auf diese Entstehungsgeschichte hin, denn zahlreiche schuppenförmig übereinander geschobene Gesteinsdecken bestimmen seinen Aufbau.

Die Entstehung des Murtales und seiner Seitentäler ist im Zusammenhang mit der Auffaltung der Alpen zu betrachten. Die erste stärkere Hebung erfolgte in unserem Gebiet vermutlich im Miozän, das vor rund 30 Millionen Jahren einsetzte. Ausgangsform für die Entwicklung des heutigen Reliefs der Obersteiermark war ein im Oligozän entstandenes Rumpfland, aus dem sich allmählich jene Gebirgszüge hervorwölbten, die das Murtal im Norden und Süden begrenzen. Zu diesen seitlichen Mauern gehören die Niederen Tauern, die Bocksruckgruppe und die Seetaler Alpen einerseits, die Metnitzberge und die Grebenzen andererseits. Im Inneren der so entstandenen Murauer - Neumarkter Mulde blieb bei der Hebung ein Teil zurück und stellt heute einen vielfach durchbrochenen Rücken dar, der sich vom Mitterberg im Lungau bis nach Seckau hinzieht.

Die Entwässerung der Niederen Tauern läßt noch Perioden ihrer Entwicklungsgeschichte erkennen und enthüllt dem Auge des Geologen wichtige Zusammenhänge. Auffallend ist vor allem der steilere, kürzere Südabfall mit zahlreichen Gräben gegenüber der längeren und flacheren Nordabdachung, die von trägeren Gewässern durchschnitten wird. Diese Unterschiedlichkeit erklärt sich mit der ungleichseitigen Aufwölbung der Oberfläche. Ursprünglich flossen die Bäche in gerader Südrichtung dem Kärntner Becken zu, bis sich eine von Westen nach Osten ausgerichtete Hebung diesem Verlauf entgegenstellte und von den Flüssen überwunden werden mußte. Außerdem verlängerten sich die Bäche vom Südabfall der Niederen Tauern durch die alte Hauptfirstlinie hindurch nach Norden, so daß heute einzelne Gipfel, wie etwa der Preberspitz, das Rupprechtseck, der Schöderkogel, der Rötelkirchspitz oder der Schober-spitz südlich der Hauptwasserscheide auf Seitenkämmen liegen.

Das heutige Talsystem im Bezirk Murau wurde durch die Bildung von Brüchen vorgezeichnet, die am erfolgreichsten an jenen Nähten einsetzen konnte, die bis in die früheste Erdge-schichte zurückreichen. So folgt zum Beispiel die Talfurche von Tamsweg über Ranten nach Schöder einer tektonischen Stö-rungslinie, die wahrscheinlich aus der Zeit vor den tertiären Ablagerungen im Oligozän und Miozän herrührt. Für diese Annahme sprechen schiefgestellte tertiäre Konglomerate. Die Mur hat sich jedoch nicht an die alte tektonische Naht am Südrand der Niederen Tauern gehalten. Sie wurde durch die Hebung dieses Gebirgszuges nach Süden abgelenkt und wandte sich erst bei Thomatal wieder gegen Osten. Dabei schnitt sie sich im Laufe der Jahrtausende ihr Bett tief in die Landschaft ein. Demnach gehören die „Murberge" zwischen der „Naht von Ranten" und dem heutigen Murtal morphologisch zum Nord-kärntner Mittelgebirge.

Die tektonische Störung an den südlichen Ausläufern der Niederen Tauern erfolgte mit unterschiedlicher Intensität ge-staffelt von Westen nach Osten. Dabei wurden das Rantental, das Katschtal und das Wölzertal vorgezeichnet, und es ent-standen von Nordwest nach Südost gerichtete Einbrüche. Das Rantental von Seebach gegen Nordwesten bis Krakauebene folgt ebenso einer tektonischen Störungslinie wie das in west-östlicher Richtung streichende Talstück von Krakauebene bis Klausen.

Damit wurde bereits auf zwei deutliche Tiefenlinien hinge-wiesen, nämlich das Wölzertal, das seine Fortsetzung in Rich-tung Perchauer Sattel im Görschitzgraben und dem Hörfeld bis Hüttenberg findet, und auf das Katschtal, mit dem Neumarkter Sattel und dem Olsa- und Urteltal als Fortsetzung gegen Süden. Diese Einschnitte werden vom Murtal unterbrochen.

Das Murtal war im großen und ganzen vor Beginn des Diluviums, das heißt, vor rund ein bis zwei Millionen Jahren, fertig, abgesehen von der Überformung in der Eiszeit.

Dieser erdgeschichtliche Abschnitt währte etwa sechshundert-tausend Jahre und wird bekanntlich in vier Eiszeiten (Günz-,

Mindel-, Riß- und Würmeiszeit) und drei Zwischeneiszeiten gegliedert. Durch eine von Skandinavien und den Hochgebirgen ausgehende Abkühlung des Klimas entstanden in Europa ausgedehnte Gletscher, die auch die Alpen mit einem gewaltigen Eispanzer überzogen. Unser Gebiet lag im Bereich des Murgletschers, der von den Eismassen im Lungau seinen Ausgang nahm.

Die stärkste Ausdehnung der Vergletscherung wurde für die Würmeiszeit festgestellt. Die Eismassen lagen damals so hoch, daß seitliche Arme nach Norden und Süden weit ausgriffen. Über den Radstädter Tauernpaß schob sich ein Teil zum Ennstalgletscher hinüber, und eine kleine Zunge überfloß östlich von Oberwölz den Hochegger Sattel. Im Süden war das Turrachtal bis über die Turracher Höhe von dem Gletscher ausgefüllt. Über den Flattnitzpaß erreichte ein Ausläufer das Glödnitz- und Metnitztal, und auch über kleinere Einschnitte wie das Auen-Wöberingtal oder den Priewaldsattel erstreckten sich einzelne Arme nach Kärnten. Die Verbindung mit dem Draugletscher bestand jedoch über den Neumarkter Sattel, über den mehr als doppelt soviel Eis abfloß als durch die Talverengung bei Scheifling. Vor Judenburg endeten die Eismassen des Murgletschers, und in der heutigen Stadtterrasse ist die dort zurückgebliebene Endmoräne zu erkennen.

Während die weiter talabwärts fließende Gletscherzunge nur unbedeutende Überformungen der Landschaft hinterließ, sind im Gebiet des heutigen Bezirkes Murau noch deutliche Spuren der Gletscherarbeit zu erkennen. In den Niederen Tauern sind zahlreiche Kare und Karseen Hinterlassenschaften der Eiszeit, während südlich der Mur die Rundhöckerlandschaft der Turracher Höhe eine typische Folge der Vergletscherung ist. Das Murtal selbst zeigt in seinem Verlauf vom Lungau bis in den Abschnitt Murau-Teufenbach im allgemeinen die V-Form der Flußerosion. Auffallend gering sind Trogbildungen und Übertiefungen durch Gletscherschurf. Diese Erscheinung erklärt sich mit dem Umstand, daß die Eismassen ziemlich bewegungslos im Lungau lagen und von dort weniger in den Tiefen der beiden Furchen des Doppeltales, sondern vielmehr in der Höhe in dessen Gesamtbreite abflossen. Dennoch sind auch hier stellenweise glaziale Überformungen, Anschüttungen von Geröll und Ausräumungen weicherer Schichten festzustellen. Im Wölzer- und Katschtal ist deutlich ein trogförmiger Querschnitt zu erkennen, da hier stärkere Gletscher von den Niederen Tauern her in das Murtal einmündeten und Verbreiterungen bewirkten. Starke Überformungen brachten die Eismassen auch für den Neumarkter Sattel, der viele Rundbuckel, Gletscherschliffe und sogenannte „Ecker" aufweist. Schließlich wurden in der letzten Eiszeit im Neumarkter Becken, der „Abschmelzpfanne" des Murgletschers, ausgedehnte Massen von Grund-, Ufer- und Endmoränen aufgeschüttet. Spuren aus der Eiszeit sind auch die in der Nähe der Kirche von St. Marein bei Neumarkt im Fels deutlich erkennbaren „Gletschermühlen". Die Stufe gegen Teufenbach war bereits vor der Eiszeit durch tektonische Kräfte entstanden und ist später ebenfalls durch das Eis umgestaltet worden.

Die Eiszeit brachte somit nur mehr eine Überformung des bereits vorhandenen Reliefs, für das in erster Linie tektonische Vorgänge, Aufwölbungen und Einmuldungen bestimmend gewesen waren. Es ist anzunehmen, daß diese Kräfte bis heute noch nicht zur Ruhe gekommen sind und immer noch fast unmerklich auf die Form der Landschaft wirken. Als Beispiel für die im Bezirk Murau noch tätigen innerbürtigen Kräfte werden relativ häufig auftretende Erdbeben angeführt, deren Stoßzone meist mit den nachgewiesenen Störungslinien zusammenfällt. Dabei hebt sich eine von Scheiben bei Unzmarkt ausgehende Linie heraus, an der die Orte Frauenburg, Scheifling, Niederwölz, Teufenbach, St. Lambrecht, Laßnitz und Metnitz liegen. Vor allem im Raume von Metnitz wurden bis in jüngste Zeit öfter stärkere Beben verzeichnet.

Die Formung der Landschaft ist auch durch die außerbürtigen Kräfte immer noch im Gange. Neben den witterungsbedingten Veränderungen sind es vor allem die Flüsse, die im Laufe der Zeit gewaltige Geröll- und Erdmassen bewegen, sich tiefer schürfen oder gar neue Wege durch die Täler suchen.

Der geologische Aufbau zeigt in der Hauptsache kristalline Schiefer, die den Zug der Niederen Tauern und einzelne im Murtal vorgelagerte Rücken aufbauen. Sie setzen sich aus

Gneisen, Glimmerschiefern, Amphiboliten sowie Quarziten und kleineren Marmoreinlagerungen zusammen. Darüber liegen im südöstlichen Raum paläozoische Schichten, bestehend aus Kalken, Phylliten und Schieferlagen, wie wir sie am Pleschaitz, auf der Stolzalpe, der Frauenalpe und der Grebenze finden. Im Gebiet des Kreischberges und des Paalgrabens treten Konglomerate mit Sandsteinen und Tonschiefer auf. Tertiäre Schichten sind in der breiten Talfurche zwischen Schöder und Rottenmann bei Ranten sowie im Wölzertal erhalten. Ablagerungen aus der Eiszeit treten in Form von Moränen und Terrassenschottern längs der Täler zum Murtal auf und liegen auch zwischen Kraukauebene und Krakaudorf sowie bei St. Lambrecht. Aus der erdgeschichtlichen Gegenwart stammen die im Murtal häufig anzutreffenden Schwemmkegel und Schotterterrassen aus Fluß- und Bachschutt, wie sie der aufmerksame Beobachter vor allem bei Saurau und Teufenbach noch deutlich erkennen kann.

Die geologischen Voraussetzungen für den Bergbau sind im Bezirk Murau ungünstig, da es sich um ein an Erzen armes Gebiet handelt. Abgesehen von den Eisenerzlagern bei Turrach konnten im Laufe der Geschichte keine bedeutenden Vorkommen entdeckt werden. Es wurden zwar verschiedene Schürfstellen eröffnet, doch nennenswert sind lediglich die Abbaustellen von Spateisenstein im Paalgraben, Magneteisenstein bei Pöllau (Neumarkt), Eisenkies bei St. Peter am Kammersberg, Arsenkies bei St. Blasen und Anthrazit auf der Turracher Höhe. Die übrigen blieben für die wirtschaftsgeschichtliche Entwicklung des Bezirkes Murau bedeutungslos.

Aus der Vorgeschichte

Die Vorgeschichte berichtet über jenen Zeitabschnitt, aus dem keinerlei schriftliche Nachrichten über das Wirken des Menschen vorhanden sind. Alles, was wir heute aus dieser Periode wissen, stammt daher nur von sogenannten „ergrabenen Quellen", die uns aus dem Alltagsleben unserer Vorfahren erzählen. Die meisten prähistorischen Funde haben sich rein zufällig bis zu ihrer Entdeckung erhalten. Wenn also Gräber, Vorratsdepots oder Siedlungsreste Jahrtausende überdauern konnten, so ist das besonderen örtlichen Umständen zu verdanken, die Schutz vor Witterung, Naturkatastrophen oder Zerstörung durch den Menschen boten.

Aus dem jeweils vorherrschenden Werkmaterial für bestimmte Geräte und Gebrauchsgegenstände ergibt sich die Einteilung der Vorgeschichte in einzelne Abschnitte. Demnach unterscheidet man eine Ältere, Mittlere und Jüngere Steinzeit, die Bronzezeit und die Eisenzeit.

Die Ältere Steinzeit währte bis etwa 8000 v. Chr. Aus dieser Periode stammen die ersten Spuren menschlicher Besiedlung in der Steiermark, nämlich die Funde in den Höhlen des mittleren Murtales. Neben Skeletteilen altsteinzeitlicher Tiere, vor allem des Höhlenbären, fanden sich Geräte und Werkzeuge aus Stein und Knochen, die darauf hinweisen, daß die Menschen damals überwiegend als Jäger auftraten.

Die Entwicklung neuer Lebensformen wurde durch Klimaschwankungen sicherlich entscheidend beeinflußt. Das Ende der Eiszeit brachte den Übergang zu trockenem, kontinentalem Klima, das den Beginn der Mittleren Steinzeit kennzeichnet. Dieser Abschnitt, der in die Zeit von ca. 8000 bis 4000 v. Chr. eingeordnet wird, bot den Menschen völlig veränderte Lebensbedingungen. Die klimatischen Verhältnisse begünstigten die Ausbreitung von Wäldern, in denen die Jagd immer noch die vorherrschende Wirtschaftsform blieb. Zahlreiches Großwild aus der Altsteinzeit starb zwar allmählich aus oder wanderte ab, doch sicherten die Jagd auf kleinere Tiere und der Fischfang den Menschen eine ausreichende Lebensgrundlage.

Nur wenige Funde können das Aufkommen neuer Lebensformen während der Mittleren Steinzeit in der Steiermark belegen. Sie vermögen auch keine Vorstellung von der Weiterentwicklung bis in die Jungsteinzeit und von dem allmählichen Einsetzen der bäuerlichen Lebensweise in unserem Gebiet zu geben. Die Menschen der Jungsteinzeit waren mit Ackerbau und Viehzucht bereits wohl vertraut und gelangten dadurch zu einer völlig neuen Lebensführung. Die Werkzeuge bestanden zwar nach wie vor aus Stein, waren jedoch wesentlich besser ausgeführt, geschliffen, poliert oder auch durchbohrt. Anstelle des Feuersteins kam häufig der härtere Serpentin zur Verwendung. Blockhäuser verdrängten die alten Lehmhütten, und zu den Haustieren zählten nun außer dem Hund auch Rind, Schwein, Schaf und Ziege. Der Boden wurde mit Gerste, Weizen und Hirse bebaut, und Bohnen, Erbsen, Linsen und Möhren waren ebenfalls bekannt.

Ein bedeutender Fortschritt gelang in der Jungsteinzeit mit der Herstellung von Tongefäßen, weshalb diese Zeitspanne auch als „Keramikum" bezeichnet wird.

Mit dem Ende des Neolithikums trat eine Veränderung der klimatischen Verhältnisse ein, die zur Suche nach neuem Ackerland und zu einer stärkeren Ausbreitung des Siedlungsgebietes führte. Auf feuchtwarmes Seeklima im Frühneolithikum folgte ein trockenes, warmes Klima, das die Waldgrenze um etwa 200 m höher steigen ließ und den Ackerbau weniger ertragreich machte.

Aus dem letzten Abschnitt der Jungsteinzeit stammen die ältesten Funde im Bezirk Murau. Im Jahre 1913 wurde auf der Turracher Höhe ein Steinkeil aus pyrithältigem Serpentin gefunden, der die Annahme bestätigt, daß der Mensch damals bereits größere Höhen in seinen Lebensbereich einbezog. Wahrscheinlich hat dieser Keil in Verbindung mit einem Holzgestell als Pflugschar zur Bearbeitung des Bodens gedient. Das Modell eines solchen steinzeitlichen Pfluges sowie der Steinkeil von Turrach sind im Landesmuseum Joanneum in Graz ausgestellt.

Eine weitere Nachricht aus dieser Zeit fand sich am Sölkpaß, wo im Jahre 1866 bei Straßenarbeiten zwei Steinmeißel entdeckt wurden, die nach Krakaudorf gelangt sein sollen. Bei einem der beiden Geräte könnte es sich um jenen Steinhammer

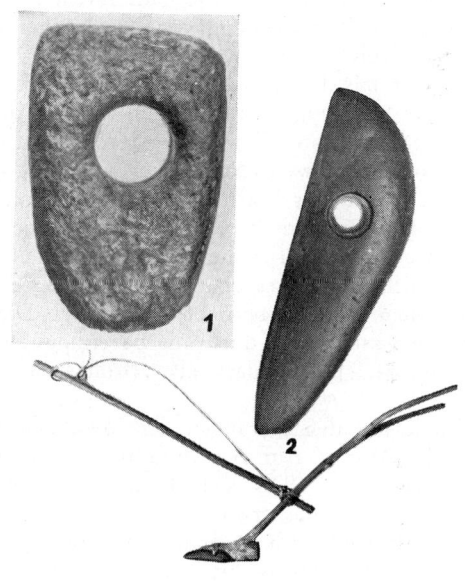

Steinhammer aus Krakaudorf und Serpentinkeil aus Turrach
mit Modell eines Pfluges

handeln, den 1949 die Schulleitung in Krakaudorf dem Joanneum zum Geschenk machte. Mangels genauerer Angaben ist jedoch Krakaudorf als Fundort registriert.

Die friedliche Entwicklung des bäuerlichen Lebens ging mit dem Ausklang des 3. Jahrtausends v. Chr. ihrem Ende entgegen, als durch eine Völkerbewegung von Norden her Indogermanen in unser Gebiet eindrangen. In dieser Zeit wurde in der Steiermark erstmals das Kupfer als Werkstoff bekannt und zunächst zur Nachahmung verschiedener Geräte aus Stein verwendet. In Legierung mit Zinn gelang jedoch bald die Herstellung von Bronze, die wesentlich härter war und sich vom 17. Jahrhundert an immer stärker durchsetzen konnte. Die Begegnung mit den Indogermanen und die zunehmende Verwendung von Metall boten für die wirtschaftliche und kulturelle Entfaltung neue Voraussetzungen und belebten den bisher nur in bescheidenem Umfang betriebenen Handel. Die Bedeutung des neuen Werkstoffes ist durch die Bezeichnung der Zeitspanne bis zum 11. Jahrhundert als „Bronzezeit" gekennzeichnet.

Eine Fundstelle aus den Anfängen der Metallzeit liegt am Leonhardiberg bei Murau. Auf dem Steilrand in der Nähe des Schlattingbachfalles kam 1936 bei Planierungsarbeiten ein Flachbeil ans Tageslicht, das etwa 12.4 cm lang und 246.5 g schwer ist. Deutlich sind noch Gußnähte erkennbar, doch von wo das Rohmaterial stammt, ist bis heute unbekannt. Die Vermutung, daß mit dieser Entdeckung eine prähistorische Siedlung angeschnitten worden sein könnte, hat sich bisher weder bestätigt noch als unrichtig erwiesen. Das Beil ist möglicherweise an Ort und Stelle gegossen worden, und wenn das hiefür verwendete Kupfer aus Salzburg stammen sollte, wäre damit ein Beweis für die frühe Begehung des Tauernpasses gegeben.

Ein weiterer Hinweis auf vorgeschichtliche Besiedlung kam in der Stadt Murau selbst zutage. Am Raffaltplatz stieß man bei der Verlegung von Erdkabeln auf den Rest eines Griffzungendolches aus der jüngeren Bronzezeit (ca. 8. Jahrhundert v. Chr.).

Der zunehmenden Bedeutung des Handels verdanken wir etliche Funde entlang der ehemaligen Handelsstraßen. Es handelt sich dabei um Aufbewahrungsstellen wandernder Handwerker. Hier sind zum Beispiel die in Pux gefundenen Bronzestücke einzuordnen: Tüllmeißel, Lappenbeil und eine Kugelkopfnadel.

Weitere Fundstellen beweisen, daß die Wege durch das Katschtal und Wölzertal über den Sölkpaß ins Ennstal schon früh bekannt waren. In Althofen fand sich nämlich eine stark kupferhältige Spitze eines Bronzespeers und in Oberwölz das Bruchstück eines verzierten Bronzemessers. Das Messer lag hinter dem Feuerwehrdepot der Stadt in 2 m Tiefe und wurde 1954 ausgegraben. Drei Jahre später kam an derselben Stelle das Bruchstück einer bronzenen Bogenfibel zutage. Bei beiden Geräten handelt es sich möglicherweise um Reste eines Depotfundes. Bei Winklern nahe Oberwölz entdeckten Arbeiter anläßlich der Wildbachverbauung im Hintereggerbach eine „Mohnkopf"- und eine „Kugelkopfnadel".

Die letzte Periode der Bronzezeit wird nach der vorherrschenden Bestattungsart als „Urnenfelderzeit" bezeichnet. Grabbeigaben vermitteln heute wertvolle Nachrichten aus dieser Kulturperiode, deren Träger die Illyrer waren. Dieses Volk ist auf der Suche nach neuem Ackerland gegen Ende des 2. Jahrtausends in die Steiermark eingewandert.

Der erste Abschnitt der Eisenzeit fällt mit dem Übergang von der Urnenfelderzeit zur Hallstattzeit zusammen. Aus dieser Periode stammt ein bedeutender Verwahrfund bei Schönberg. Hier wurde 1936 beim Bau eines Güterweges von Schiltern nach Schönberg ein zerbrochener Tontopf ausgegraben, der verschiedene Bronzegegenstände zum Inhalt hatte. Neben Bruchstücken von Beilen fand sich auch eine zusammengebogene verzierte Nadel von 44 cm Länge, deren Verwendungszweck unbekannt ist, sowie ein 10 cm langes Steigeisen von besonderem Seltenheitswert. Das verwendete Material läßt deutlich die Übergangszeit von der Urnenfelder- zur Hallstattkultur erkennen und weist in das siebente vorchristliche Jahrhundert.

Aus prähistorischer Zeit dürfte auch ein Spinnwirtel aus Frojach stammen, über den nähere Nachrichten fehlen. Es gibt auch nur ungenaue Angaben über eine hallstättische Aschenurne und Skelette aus Katsch sowie über den Inhalt eines

Grabhügels bei St. Blasen. Eine vorgeschichtliche Bronzelanze soll am Kuketzriegel südöstlich von St. Veit in der Gegend entdeckt worden sein.

Auf die Bronzezeit folgte in ungestörter Entwicklung die Eisenzeit, deren erster Abschnitt nach dem bedeutendsten Fundort dieser Periode als Hallstattzeit bezeichnet wird. Aus den Grabbeigaben dieser Epoche spricht eine gewisse Wohlhabenheit, die sich auf weitreichende Handelsbeziehungen, den Einfluß aus den Stadtkulturen des Mittelmeerraumes und auf die zunehmende Bedeutung des Bergbaues zurückführen läßt. Die Vertreter dieser Kulturperiode sind dem illyrischen Volksstamm zuzuordnen.

Der zweite Kulturabschnitt der Eisenzeit, die La-Tène-Zeit, wird überwiegend von den Kelten vertreten. Wenngleich sie die Herrenschicht über die illyrischen Einwohner darstellten, wurde doch die Bezeichnung „Noriker" allmählich für die gesamte keltoillyrische Bevölkerung verwendet. Die Kelten drangen in die Gebirgstäler erst ab dem 2. Jahrhundert v. Chr. ein und brachten größere Fertigkeit in der Eisenverarbeitung mit. Die Einführung der Töpferscheibe geht auf sie zurück. Der bedeutendste Ort in dem Königreich Norikum, das etwa um die Mitte des 2. Jahrhunderts v. Chr. entstand, war Noreia. In den Jahren 1929 bis 1932 legte Walter Schmid die Reste einer prähistorischen Siedlung nördlich des von Sagen umwobenen Hörfeldes frei und war überzeugt, das einstige Noreia gefunden zu haben. Doch die rasch darauf erfolgte Umbenennung des Ortes St. Margarethen am Silberberg in Noreia fand in der Wissenschaft nicht ungeteilte Zustimmung. Es ist bis heute nicht gelungen, die Lage der Hauptstadt Norikums eindeutig zu bestimmen. Durch die Ausgrabungen Schmids wurde jedoch die bisher größte prähistorische Siedlung Österreichs freigelegt. Ob es sich dabei um den Schlachtort des ersten Zusammentreffens zwischen Germanen und Römern im Jahre 113 v. Chr. handelt, muß aber erst erwiesen werden.

Auf den Terrassen westlich von Noreia konnten etwa sechzig Häuser dicht nebeneinander ausgegraben werden. Unter ihnen fanden sich ein Rundbau, der als Heiligtum angesehen wird, und das sogenannte „Königshaus", von dem heute eine Rekonstruktion am alten Standort besichtigt werden kann. Die Siedlung bestand durchwegs aus Blockhäusern und war durch ihre Lage auf der natürlichen Terrasse und einen Steinwall in Verbindung mit einem Palisadenzaun gegen feindliche Angriffe geschützt. Ihre Anfänge gehen zwar bis in die jüngere Hallstattzeit zurück, doch gewann sie erst mit dem Vordringen der Kelten an Bedeutung. Maßgebend hiefür waren die günstige Lage an dem uralten Handelsweg von Italien zur Donau und die nahen Erzvorkommen.

Die alte Handelsstraße verlief nämlich vom Krappfeld aus in nordöstlicher Richtung nach Guttaring und Hüttenberg, folgte dann dem Steyergraben und führte entlang dem Hörfeld nach See und Greith, um über den Perchauer Sattel das Murtal zu erreichen.

Bezeichnend für die Bedeutung der Erzvorkommen ist die Freilegung von sieben Schmelzöfen bei Noreia. Nach Schmid soll hier schon in der jüngeren Hallstattzeit „weiches" Eisen erzeugt worden sein. Die Herstellung des wegen seiner Härte berühmten norischen Stahls ist jedoch den Kenntnissen der Kelten zuzuschreiben, die rege Handelsbeziehungen nach Rom unterhielten. Außer Stahl, dem wichtigsten Gut, wurden auch Gold, Produkte der Viehzucht, Wachs, Honig, Pech, Speik und Holz ausgeführt. Die norischen Fürsten prägten schon eigene Münzen, die makedonisches Geld zum Vorbild hatten, und verstanden es, die Handelsbeziehungen nach dem Süden auszubauen und zu festigen.

Der wirtschaftliche und politische Einfluß Roms konnte sich dabei immer stärker entfalten und führte schließlich im Jahre 16 v. Chr. zur Eingliederung Norikums in das Römische Reich. Diese vollzog sich ohne nennenswerten Widerstand, doch die Sage weiß zu berichten, daß es im Gebiete des „Königreichs", einem wuchtigen Berg unweit von Neumarkt an der Kärntner Grenze, zu heftigen Kämpfen zwischen Römern und Kelten gekommen sei. Die besiegten norischen Helden sollen noch heute in den Tiefen des Berges hausen und in gefahrvollen Zeiten mit unheimlichen Feuern und riesenhaften Nebelgestalten die Bevölkerung warnen.

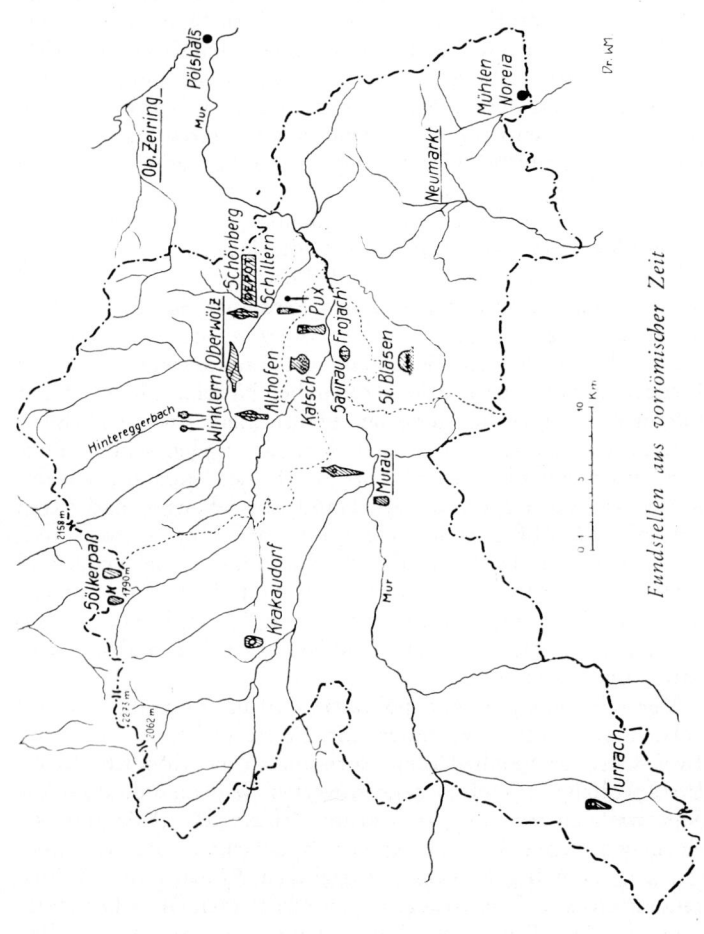

Fundstellen aus vorrömischer Zeit

Unter römischer Herrschaft

An die Römerzeit erinnern heute noch unzählige steinerne Zeugen, vor allem Grabsteine, die verstreut im ganzen Bezirk aufgefunden wurden. Viele von ihnen sind in Kirchen oder auch Profanbauten eingemauert, nicht immer so angeordnet, daß sie dem Suchenden sofort ins Auge springen. Sie überliefern uns zahlreiche römische und keltoillyrische Namen, geben Zeugnis von Wohlstand und dichter Besiedlung und künden von Leben und Tod in einzelnen Familien.

Der Bezirk Murau war als Teil der Provinz Norikum einem römischen Statthalter unterstellt. Hauptstadt dieses Verwaltungsbezirkes war Virunum am Zollfeld.

Die Angliederung an das Römische Reich bescherte dem Land fast zwei Jahrhunderte hindurch Frieden und Wohlstand. Die Römer dehnten ihr Reich bis an die Donau aus und bauten Straßen über die Alpenpässe. Die Verkehrswege dienten nicht nur militärischen Zwecken, sondern auch einem weitreichenden Handel. Eine der bedeutendsten Nord-Süd-Verbindungen über die Alpen war die norische Hauptstraße, die vom Zollfeld über das Murtal ins Ennstal und weiter ins Alpenvorland führte. Ihr Verlauf ist uns in großen Zügen bekannt, Einzelheiten der Trassenführung sind jedoch noch umstritten.

Etwa einen Kilometer südlich der Bahnstation Bad-Einöd zieht der Olsabach eine große Schlinge. Hier gelang es Walter Schmid, die Reste der römischen Poststation Noreia auszugraben. Über deren Benennung gibt es keinen Zweifel, und die Unterscheidung von der Königsstadt Noreia ist eindeutig. Es handelte sich um ein einstöckiges, gemauertes Gebäude mit unregelmäßigem, rechteckigem Grundriß und drei Räumen an der Südfront. Von diesen hatte der mittlere als Küche gedient und ließ einen gut erhaltenen Herd und die Reste einer Hausmühle erkennen. Außer einer Heizanlage waren in dem Bauwerk auch ein Stall und eine Schmiede untergebracht, unerläßliche Voraussetzungen für eine Poststation. Die ältesten Reste von Töpfen und Vorratsgefäßen stammen wahrscheinlich aus dem ersten nachchristlichen Jahrhundert. Es fanden sich auch verschiedene aus Eisen gefertigte Gegenstände wie Messer, das Bruchstück eines Hufeisens, ein Haustorschlüssel, ein Hammer, Nägel und ähnliches. Nach Ansicht ihres Entdeckers dürfte diese Poststation während der Markomannenkriege eingeäschert, später aber wieder aufgebaut worden sein. Die Annahme, daß sie beim Durchzug der Germanen im 5. und 6. Jahrhundert noch bestand, baut auf einem weiteren Fund auf. Es kam nämlich ein Feuersteineisen zutage, das als typisch germanisches Gerät zum Feuerschlagen gilt. Durchziehende Langobarden könnten auch die Erklärung für die Spuren einer Grabstätte bei St. Blasen in der Nähe von St. Lambrecht sein. Fanden sich doch hier Fadenreste eines golddurchwirkten Schleiers, für den Fachkundigen bei der Beurteilung des Gesamtfundes ein deutlicher Hinweis auf die Langobarden.

Die Poststation Noreia war wohl von einer kleinen Siedlung umgeben, denn 1823 wurden beim Neubau des Herrenhauses für eine örtliche Holzstoffabrik sechs Aschenurnen freigelegt, und neben der römischen Reichsstraße stieß man beim Pflügen auf ein Grabdenkmal. Bis zum 6. Jahrhundert ist die römische Poststation Noreia geschichtlich nachweisbar. Aus späterer Zeit fehlen jegliche Nachrichten über eine Siedlung an dieser Stelle.

Die Reichsstraße führte an der Westfront des Gebäudes mit einer Breite von 6.10 m vorbei und verlief, von Dürnstein kommend, am Westrand des Tales in Richtung Neumarkt. Ihre solide Bauweise aus Bruchschotter konnte bei Erdarbeiten zwischen Einöd und Neumarkt immer wieder beobachtet werden. Bezeichnend für die Fähigkeit der römischen Straßenbauer ist die Tatsache, daß abweichend vom Verlauf des prähistorischen Weges über Hüttenberg und den Perchauer Sattel erstmals die enge Klamm bei Hammerl mit einer Fahrstraße bewältigt wurde. Diese Strecke durch die Schlucht verfiel jedoch während des Mittelalters, weil sie auf Höhenwegen östlich und westlich der Klamm umgangen wurde. Die östliche Route führte von Althofen über den Pleschitzkogel nach Dobritsch, Pörtschach, St. Veit in der Gegend und Neumarkt, der westliche Weg von Friesach über St. Stefan und das „Königreich" nach Pöllau und Graslupp. Die Bedeutung des westlichen Weges hängt wohl mit dem Eisensteinvorkommen bei Pöllau zusammen, das 1460 bis 1817 vom Stift St. Lambrecht abgebaut wurde. Die Vermutung, daß dieser Höhenweg auch zur Römerzeit schon benutzt worden sein könnte, geht auf die Ortsbezeichnung „Römerbühel" bei Pöllau zurück.

Der Verlauf der Römerstraße nach dem Verlassen der Klamm bei Hammerl bis ins Murtal ist nicht eindeutig geklärt. Einen Anhaltspunkt könnte zwar jener römische Meilenstein geben, der bis 1845 im Kirchlein von St. Georgen südlich von Neumarkt als Schwellenstein gedient hat. Er könnte aber genauso gut über eine größere Entfernung dorthin geschafft worden sein. Es wird angenommen, daß die Straße über den Perchauer Sattel führte, wo in einem Gebäude ein römischer Reliefstein eingemauert ist. Sicher bestand auch ein Übergang über den Neumarkter Sattel, wahrscheinlich für den Nahverkehr, da sowohl in Mariahof wie auch in Teufenbach Römersteine gefunden wurden. In Mariahof ist an der Nordseite der Pfarrkirche ein römisches Relief zu sehen. In Teufenbach befinden sich in der linken Seitenkapelle der Pfarrkirche und in der Friedhofsmauer Inschriftensteine. Weitere Fragmente sind an einigen Häusern zu erkennen.

Der genaue Verlauf des Hauptstraßenzuges im Murtal ist nicht mehr festzustellen. Die erste Poststation im Murtal war jedenfalls AD PONTEM und dürfte in der Nähe von Lind bei Scheifling zu suchen sein. Nach Überquerung der Mur bog die Straße nach Osten ab und verließ den heutigen Bezirk Murau.

Die Umgebung von Neumarkt ist reich an Funden aus der Römerzeit. Etliche davon beherbergt heute das Schloß Lind südwestlich von Neumarkt, andere sind im Kirchturm von St. Marein eingemauert. Am Hartliebschen Gehöft in Steindorf sind zwei Reliefs zu sehen, und unweit davon wurde auch ein römisches Skelettgrab entdeckt. Aus Neumarkt selbst sind Münzfunde bekannt.

Ein wichtiger Fundort ist die Ortschaft Greith östlich von Neumarkt, lag sie doch an der Straße von Hüttenberg auf den Perchauer Sattel, die noch im Mittelalter die Bezeichnung „Eisenstraße" getragen haben soll. Im Schulhaus des Ortes sind drei Inschriftensteine eingemauert, die leider schlecht erhalten sind. In der Pfarrkirche findet sich die Reliefdarstellung eines

Kirche von Greith

Ehepaares mit den Resten einer Bemalung. Weitere Römersteine wurden an der Außenmauer der Kirche und an der Friedhofsmauer entdeckt. Die Vermutung, daß in Greith eine römische Siedlung auf einer prähistorischen aufgebaut worden sein könnte, ist bisher durch die Forschung nicht bestätigt worden.

Bei der Poststation AD PONTEM zweigte von der norischen Hauptstraße muraufwärts eine Römerstraße zweiten Ranges ab. Sie führte über Niederwölz und Pux in Richtung Katsch und ist noch heute westlich von Pux an Fahrrinnen im felsigen Gelände deutlich erkennbar. Dieser zum Teil in den Fels gehauene „Römerweg" zwischen linkem Murufer und dem Fuße des Puxberges wird heute noch als Fahrweg benützt. Von Katsch verlief die Straße über Triebendorf weiter bis nach Stadl, wo sie mit jener Reichsstraße zusammentraf, auf der man von Zwischenwässern in Kärnten durch das Gurktal nach Flattnitz und weiter durch den Paalgraben ins Murtal gelangte. Die römische Poststation in Stadl hieß GRAVIACAE. Das Bruchstück eines Meilensteines findet sich an der Südmauer des Kirchhofes von Stadl eingemauert. Von hier aus reiste man auf der Reichsstraße weiter in den Lungau.

Zu erwähnen bleibt noch der Weg von Katsch über Althofen, St. Peter am Kammersberg und Feistritz zum Sölkpaß, der als Übergang ins Ennstal bereits Bedeutung hatte.

Die Grundmauern eines römischen Landhauses gehören zu den interessantesten Funden aus der Römerzeit in unserem Bezirk. Sie wurden auf einem Feld am rechten Ufer des Katschbaches vor dessen Einmündung in die Mur freigelegt und ließen die Reste eines ausgedehnten Gebäudes von 48 m Länge und fast 42 m Breite mit geräumigem Innenhof erkennen. Die Wohnräume befanden sich im östlichen und südöstlichen Teil, wo auch eine Veranda mit Blick auf den Zirbitz angebaut war. Die übrigen Gebäudeteile, die den Innenhof umschlossen, waren Wirtschaftsräume. Etwas abseits fanden sich noch die Spuren eines zweiten Bauwerkes, das nach Größe und Bauart ebenfalls als Wirtschaftsgebäude anzusprechen ist.

An der Südseite eines nahen Felsvorsprunges, unmittelbar unter der Straße in Richtung Murau, wurde außerdem eine Begräbnisstätte entdeckt, die 30 Brand- und 7 Skelettgräber

Rekonstruktion des römerzeitlichen Gutshofes in Katsch

umfaßte. Diese Grabstätten waren gemauert und zum Teil innen und außen bunt bemalt. Die gut erhaltenen Erdfarben sowie die zahlreichen Grabbeigaben deuten auf Wohlstand der hier beigesetzten Personen, denen Ton- und Glasgefäße, Bronzeschmuck und Münzen in die letzte Ruhestätte mitgegeben worden sind. Die aufgefundenen Grabinschriften berichten einiges über die damaligen Bewohner von Katsch. So hat etwa PINITU, eine Freigelassene der SATULLA, für ihren Gatten VITALIS, den Sohn des URSINUS, und für sich selbst ein Grabmal errichtet. Einen anderen Grabstein hat AELIA VERA für sich und ihren Ehemann SECUNDINUS aufrichten lassen. Im Hause Katsch Nr. 45, beim „Erhardmoar", ist ein römischer Stein eingemauert, der ebenfalls von diesem Gräberfeld stammen könnte. Er läßt die Namen PUBLIUS AELIUS CAIUS und P. AELIUS SURUS erkennen, deren Träger der Bruder und der Vater der AELIA VERA gewesen sein könnten. Diese Familie dürfte etwa von 120 bis 160 n. Chr. in Katsch gelebt haben.

Weitere Grabstätten wurden an der Nordseite von Katsch auf dem sogenannten „Glockerfeld" bei der Bestellung des Bodens aufgedeckt. Ihr Inhalt war nur mehr schlecht erhalten, so daß lediglich einige Inschriften geborgen werden konnten.

Der Name jener Siedlung, zu der diese Gräber gehörten, ist für die Römerzeit nicht mehr festzustellen, doch wird in mittelalterlichen Urkunden die vermutlich illyrische Bezeichnung CHATISSA verwendet. Das Landhaus dürfte während der Markomannenkriege im zweiten Jahrhundert n. Chr. einem Brand zum Opfer gefallen sein.

Schließlich stieß man im Jahre 1975 auch in Scheifling beim Bau der Hauptschule auf fünf Grabstätten aus den ersten beiden nachchristlichen Jahrhunderten, wobei von den geborgenen Grabbeigaben eine Urne und eine Fibel hervorzuheben sind.

Entlang der zur Römerzeit benützten Straßen und Wege fanden sich immer wieder Reliefsteine und Inschriftensteine, die dem Fachkundigen wertvolle Aufschlüsse geben. Aus der Häufigkeit dieser Funde ist zu schließen, daß das obere Murtal damals bereits verhältnismäßig dicht besiedelt war. Außerdem geben die in Steinen verewigten Namen Hinweise auf die Zusammensetzung der Bevölkerung und deren soziales Gefüge. Das Auftreten von rein keltischen Namen neben römischen und romanisierten keltischen deutet darauf hin, daß hier bereits vor der Römerzeit Kelten lebten, obgleich jegliche Funde aus den ersten fünf vorchristlichen Jahrhunderten fehlen.

In Frojach sind in der Kirche unter der Kanzel und in der Kirchhofsmauer Reliefsteine eingemauert, ebenso in der Außenmauer des Hauses Nr. 42. Aus Triebendorf stammen zwei weitere Grabsteine, eine Marmorstatue eines Römers, ein Inschriftenstein und die Fragmente einer kannelierten Marmorsäule. Ähnlich wie in Katsch konnte auch hier ein gemauertes Grab mit zwei Aschenurnen und einem Kindersarkophag freigelegt werden. Steine, die aus der Gegend um Triebendorf stammen dürften, sind auch an der Außenseite des Murauer Rathauses zu sehen. Auf dem Leonhardiberg bei Murau wurden außer einer Einkopffibel auch Münzen aus dem vierten nachchristlichen Jahrhundert gefunden. Im Hause Nr. 75 in St. Lorenzen ob Murau befindet sich das Seitenstück eines römischen Grabmales, das von der Kirchenmauer in Frojach hierher gebracht worden sein soll. St. Georgen ob Murau ist ebenfalls der Fundort mehrerer Grabsteine. Auf den Meilenstein von Stadl wurde bereits hingewiesen.

Auch in den nördlichen Seitentälern des Murtales wurden Spuren der Besiedlung zur Römerzeit entdeckt. In der Ostwand des Pfarrhofes Ranten sind ein Inschriften- und drei Reliefsteine zu erkennen. Aus Schöder ist ein Münzfund bekannt, und Baierdorf besitzt ebenfalls einen Reliefstein. Die westliche Vorhalle der Pfarrkirche in St. Peter am Kammersberg beherbergt das Bruchstück eines Grabmales. Eine nur mehr undeutlich erkennbare Reliefdarstellung befindet sich an der Nordwand der Vorhalle der Kirche St. Bartholomäus in Althofen, wo noch ein Kleinfund, bestehend aus zwei Fibeln, vermutlich Grabbeigaben, gemacht wurde. Aus Oberwölz wird von zwei Römersteinen berichtet, und aus Schönberg stammen etliche Münzen und Reste von Tongefäßen.

Römersteine in Ranten

Die Vielzahl solcher Funde und die Freilegung bedeutender Städte in einigen Teilen Norikums vermitteln den Eindruck der völligen Romanisierung des wirtschaftlichen und kulturellen Lebens dieser Provinz. Und doch konnte sich in den abseits gelegenen ländlichen Gebieten das alte norische Brauchtum Jahrhunderte hindurch erhalten. Wenngleich die illyrisch-keltischen Personennamen allmählich von römischen verdrängt wurden, blieb doch die Lebenskraft der ansässigen Bevölkerung bestehen und ist eine starke Wurzel unseres steirischen Volkstums geworden.

Wie die ländliche Tracht, so lebte auch der Glaube an die einheimischen Gottheiten jahrhundertelang weiter, denn in religiösen Belangen erwies sich die römische Vorherrschaft als duldsames Joch. So konnte die mütterliche Göttin NOREIA, deren Segen für reiche Ernte und Familienglück erfleht wurde, ihre Bedeutung bewahren und sich neben den übernommenen römischen Göttern behaupten. Durch Soldaten, Kaufleute und Sklaven gelangte auch Kenntnis von der orientalischen Gottheit Mithras in unser Land, und schließlich fand auch das Christentum Verbreitung in der Bevölkerung.

Greith bei Neumarkt: Römerstein in der Pfarrkirche

Ruine Steinschloß

Pichlschloß bei Neumarkt

Burg Rotenfels bei Oberwölz

Schloß Feistritz

Die Zeit der Völkerwanderung

Nahezu zwei Jahrhunderte hindurch währte die friedliche Entwicklung in Norikum unter der römischen Herrschaft, bis die ersten Vorboten der Völkerwanderung das Land erschütterten. Markomannen fielen in die Provinz ein, wurden aber von Kaiser Mark Aurel wieder nach Norden über die Donau zurückgedrängt. Die Ansiedlung bei Katsch und die Poststation Noreia dürften damals zerstört worden sein. Kaiser Diokletian ließ die Grenzbefestigungen an der Donau verstärken und schuf eine neue Einteilung der Provinzen, nach der unser Gebiet zu Binnennorikum mit dem Verwaltungssitz Virunum gehörte. Obwohl sich damals bereits der Niedergang des römischen Weltreiches abzeichnete und anhaltende Germaneneinfälle die Grenzen bedrohten, war unserem Gebiet bis zum Ausbruch der Völkerwanderung noch eine ruhige Zeit beschieden. Doch mit dem Einfall der Hunnen nach Rußland im Jahre 375 begann ein gewaltiger Aufbruch unter den germanischen Völkern, der für das gesamte Abendland und vor allem für den Mittelmeerraum einen epochalen Umsturz brachte.

Norikum hatte seit dem Ende des 4. Jahrhunderts ständig unter den Einfällen germanischer Heerscharen zu leiden. Die Donaugrenze konnte nicht länger gehalten werden, und Ufernorikum mußte auf Befehl Odoakers, des Bezwingers des letzten römischen Kaisers Romulus Augustulus, von den Römern geräumt werden. Militär, Beamte und wohlhabende romanisierte Familien verließen das Land. Später kam Binnennorikum unter die Herrschaft des Ostgotenkönigs Theoderich und dürfte noch vor dem Ende der Ostgotenherrschaft in Italien dem fränkischen Reich der Merowinger angehört haben. Dann folgte die Epoche der Zugehörigkeit zum oströmischen Reich, während der das Volk der Langobarden aus dem Raume Pannoniens aufbrach und auf die Apenninenhalbinsel vordrang. Einzelne Scharen dürften dabei unser Gebiet berührt und die bereits erwähnten Spuren bei St. Blasen und Noreia (Poststation) hinterlassen haben.

Mit dem Abwandern der Langobarden begann ein neuer Abschnitt in der geschichtlichen Entwicklung unseres Gebietes.

Die Völkerwanderung hatte im Lande verheerende Folgen hinterlassen. Weite Gebiete waren entvölkert, die Menschen waren verarmt und die kulturelle Entwicklung war zum Erliegen gekommen. Über die ungeschützte Donaugrenze drang das Steppenvolk der Awaren mit den unter ihrer Herrschaft stehenden Slawen in das verlassene Land ein. Innerhalb kurzer Zeit besetzte der Slawenstamm der Slowenen oder Wenden ganz Binnennorikum und wählte als politischen Mittelpunkt die Karnburg in Kärnten. Das slowenische Herzogtum Karantanien umfaßte ungefähr das Territorium des einstigen römischen Binnennorikums und gelangte um die Mitte des 8. Jahrhunderts unter bairischen Einfluß, als der Karantanenherzog Boruth den bairischen Herzog Tassilo um Hilfe gegen die neuerlichen Machtansprüche der Awaren ersuchte. Im Jahre 772 wurde Karantanien von den Baiern unterworfen. Als Tassilo von Baiern seinerseits sich der fränkischen Oberherrschaft nicht beugen wollte und gestürzt wurde, gelangte das Land 788 in den fränkischen Machtbereich. Nun setzte vom Erzbistum Salzburg aus die Christianisierung der heidnischen Slowenen ein.

An die vorslawische Zeit erinnern heute nur mehr die Flußnamen Mur und Katsch. Dagegen konnten sich zahlreiche slawische Namen erhalten. So weisen die Ortsbezeichnungen Laßnitz und Lassenwald auf Waldgegenden hin, Triebendorf bedeutet einen Rodungsort, und Planitzen heißt soviel wie kleine Ebene. Der Ortsname Fresen läßt auf einen Standort von Birken schließen, und Feistritz kennzeichnet einen Wildbach. Die Benennung des Pleschaitz kommt von plesá, die Glatze, und Pöllau bezeichnet eine Ebene oder ein Feld. Auch Predlitz und Turrach gehen auf slawischen Ursprung zurück.

Die Besiedlung des Landes

Zu Beginn des Mittelalters war die Landschaft noch von ausgedehnten Waldgebieten bedeckt. Die Haupttäler waren versumpft und von Auwäldern bewachsen. Eine dünne slawische Bevölkerungsschichte hatte sich die besten Plätze für ihre Ansiedlungen ausgesucht und wohnte meist an den Einmündungen von Seitentälern in ein Haupttal. Nur selten drangen die Menschen damals durch Rodungen tiefer in die Nebentäler oder in größere Höhen vor.

Die weitere Erschließung unseres Gebietes als Siedlungsraum ging von Baiern aus und erfolgte durch Fürstentum, Adel und Kirche. Diese erhielten vom König bestimmte Landstriche geschenkt und bemühten sich, den Boden durch Weitergabe an Bauern nutzbar und gewinnbringend zu machen. Die Kolonisierung währte das ganze Hochmittelalter hindurch. Naturgemäß wurden zuerst die leichter zugänglichen und für die Besiedlung günstiger gelegenen Plätze in Besitz genommen, bis man allmählich auch größere Höhen und unwegsameres Gelände in den Lebensraum einbezog.

Die slawische Bevölkerung ging im Laufe der bairischen Kolonisierung allmählich in den deutschen Siedlern auf. Diese Entwicklung vollzog sich ohne gewaltsame Auseinandersetzungen und läßt sich an dem Verschwinden slawischer Namen verfolgen. Noch um 1030 trugen die Hörigen des freisingischen Besitzes Lint (Lind) slawische Namen, und um 1160 werden bei Oberwölz dreizehn Slawenhuben verzeichnet. Von nun an überwiegt jedoch das deutsche Volkstum, und slawische Personennamen fehlen bald zur Gänze.

Der erste Einfluß deutscher Siedlungstätigkeit ist in unserem Gebiet in der Gegend um Neumarkt festzustellen, wo der älteste deutsche Ortsname „Perchau" im Jahre 927 erwähnt wird. Damals wurde dem Erzbistum Salzburg Besitz in der „Perhchah" bestätigt. Bereits 860 hatte Salzburg von König Ludwig II. einen Hof „ad Crazulpam" geschenkt erhalten.

Graslupp liegt heute abseits der Hauptverkehrsstraße und läßt kaum etwas von seiner einstigen Bedeutung vermuten. Und doch war es im 13. Jahrhundert der wichtigste Ort dieser

Gegend und dürfte auch als Handelsplatz bekannt gewesen sein. Denn die Kirche vom nahen Zeutschach ist dem hl. Ägydius, dem Schutzpatron der Kaufleute, geweiht.

Das ganze Gebiet um den Neumarkter und Perchauer Sattel, von Mühlen bis St. Lambrecht, war im Hochmittelalter als „Vallis Grazluppa", also Graslupptal, bekannt. Der Hauptverkehrsweg dürfte damals von Friesach kommend über das „Königreich" südlich von Pöllau nach Graslupp geführt haben, von wo er durch die Senke des Muren- und Podolerteiches Lessiach, Frojach und das Katschtal erreichte. Der Lage an dieser Straße könnte Graslupp seine Bedeutung verdankt haben, denn das Hauptinteresse des Wirtschaftslebens und des Verkehrs richtete sich damals noch nach Salzburg und dem bairischen Raum aus. Als später der Saumpfad über den Semmering zur Straße ausgebaut wurde, und Wien sich unter Herzog Leopold VI. zu einem wirtschaftlichen und geistigen Zentrum entwickelte, erhielt der Übergang über den Perchauer Sattel den Vorzug. Die Hauptverkehrsader rückte nun von Graslupp ab, und es kam zur Gründung von Neumarkt, das als „neuer Markt zu Graslupp" (novum forum ad Grazluppam) zu verstehen ist. Anläßlich eines Besuches von Kaiser Friedrich II. wird Neumarkt 1235 erstmals genannt.

Das Bistum Salzburg konnte bei der Landvergabe reiche Besitzungen in der Paßlandschaft um Neumarkt erlangen. Diese gab es zum größten Teil an adelige Familien als Lehen weiter, was allmählich zu einer Zersplitterung des Grundbesitzes im Graslupptal führte. Die Ortsbezeichnung Bischofberg läßt vermuten, daß sich der Grundbesitz des Bistums Salzburg ursprünglich weniger um den Ort Graslupp, sondern vielmehr in der Gegend östlich von Neumarkt ausgedehnt hat. Mittelpunkt der salzburgischen Güter wurde schließlich das neugegründete Neumarkt.

Von den Adelsgeschlechtern, die neben dem Bistum in dem begehrten Gebiet des Graslupptales Fuß fassen konnten, waren die zwei bedeutendsten die Aribonen und die Eppensteiner. Die Gründung von Adendorf, früher „Arpindorf", dürfte auf einen Sprößling der Aribonen zurückgehen, doch verlor dieses

Geschlecht vermutlich durch allzu starke Zerteilung seines Besitzes bald an Einfluß.

Hingegen verstanden es die Herren von Eppenstein ihren Besitz ständig zu erweitern und zu Macht und Ansehen zu gelangen. Sie beherrschten zeitweise die karantanische Mark sowie die vier Grafschaften der heutigen Obersteiermark und erlangten vorübergehend sogar die Herzogswürde in Kärnten. Ihre Stammburg hatten sie in Eppenstein bei Judenburg. Ein großer Teil ihres stattlichen Besitzes lag im Graslupptal, wo der Edle Markwart, ein Vorfahre der Eppensteiner, 930 ein Gut am Bischofberg geschenkt bekommen hatte. Um 1000 erhielt Adalbero von Eppenstein, damals Herzog von Kärnten, zusätzlich Grundbesitz um Mariahof und St. Lambrecht.

Dank weiterer Erwerbungen erstreckte sich der Landbesitz der Eppensteiner schließlich von Aentrichstanne (Alterstein) — auf einem südwestlichen Ausläufer des Zirbitz gelegen — bis zur Mur. Einen Großteil dieses Gebietes, das allerdings keinen geschlossenen Besitz darstellte, schenkte Herzog Heinrich III., der letzte Eppensteiner, im Jahre 1103 dem von ihm gegründeten Benediktinerstift St. Lambrecht. Der klösterliche Besitz erfuhr im 14. und 15. Jahrhundert noch etliche Erweiterungen und entwickelte sich schließlich zur größten Grundherrschaft des Graslupptales.

Herzog Heinrich III. starb im Jahre 1122 ohne Nachkommen, und sein gesamter Besitz fiel an das Geschlecht der Traungauer. Markgraf Leopold übernahm nun alle Rechte, die Herzog Heinrich im Graslupptal ausgeübt hatte, vor allem aber die Vogteigewalt über das Stift St. Lambrecht. Dieser Besitzzuwachs brachte den Traungauern eine bedeutende Stärkung ihrer wirtschaftlichen und politischen Machtposition. Nach ihrer Stammburg in Steyr erhielt die Steiermark ihren Namen.

Während sich mit den Erwerbungen des Benediktinerstiftes im westlichen Teil des Graslupptales ein geschlossener Grundbesitz entwickeln konnte, der von Pöllau über Zeutschach und Mariahof bis St. Lambrecht reichte, zeigt die Besitzgeschichte im übrigen Teil eine zunehmende Zersplitterung. Die Erklärung dafür ist in dem Bestreben der weltlichen und geistlichen Herrschaften zu suchen, an der wichtigen Verkehrsader zwischen

Wien und Venedig ansässig zu sein. Bezeichnend hiefür sind die
Verhältnisse auf der Perchau, wo im 15. Jahrhundert mehr als
dreißig Herrschaften grundherrliche Rechte über 77 Feuer-
stätten und 22 Keuschen innehatten.

Bedeutende Übergänge waren im Mittelalter auch der Sölkpaß und das Glattjoch. Daher sind hier ebenfalls verhältnismäßig früh Grundvergaben durch den König an geistliche Institutionen nachzuweisen. Das Erzbistum Salzburg war etwa seit
dem 9. Jahrhundert im Katschtal begütert und sicherte sich
mit dem Besitz um Baierdorf eine Schlüsselposition an der
Salzstraße über den Sölkpaß. Chatissa wird 890 als Besitz der
Kirche bestätigt und heißt 1155 Paierdorf iuxta Chatse. Baierdorf war nahezu 1000 Jahre hindurch der Mittelpunkt des
salzburgischen Zehentwesens von Katsch bis zum Lungau. Der
Schüttturm zur Aufbewahrung des Zehentgetreides ist heute
noch gut erhalten und als sogenannter „Römerturm" bekannt.
Dieses Bauwerk gilt mit seinen Ringmauern und einem
Schanzgraben als anschauliches Beispiel einer Talburg.

König Heinrich II. schenkte im Jahre 1007 dem Bistum
Freising Königsgut im Katschtal samt den dazugehörigen
Knechten und Minderfreien. Diese Schenkung „Chatsa" um-
faßte wahrscheinlich das ganze Gebiet zwischen Katschbach,
Mur, Rantental und der Linie Schöder-Rinegg. Aus diesem
Besitz entwickelten sich die Hofmark St. Peter am Kammers-
berg und die Herrschaft Katsch, die jedoch später mit Burg
und Grundbesitz dem freisingischen Gut entfremdet wurde.
Gleichzeitig mit der Übertragung von Katsch erhielt das Bistum
Freising auch das Kammergut Uuelica, das Wölzertal mit Lint
(Lind bei Scheifling). Diese Schenkung an das Bistum bewirkte,
daß der wichtige Übergang über das Glattjoch ebenso wie jener
über den Sölkpaß in geistlicher Hand lag.

Etliche kirchliche Institutionen gelangten durch fromme
Stiftungen zu Besitz im oberen Murtal. So hatte zum Beispiel
das Domkapitel Salzburg Güter in Einach. Das Nonnenkloster
Elsenbach (Bayern) wurde vom Edlen Dietmar von Lungau,
dem mutmaßlichen Gründer der Kirche von Ranten, mit
Grundbesitz bedacht. Das Stift Admont, das bei seiner Gründung den Zehent des Katschtales gewidmet erhalten hatte, war

Der Turm zu Baierdorf, von G. M. Vischer, 1681

43

um Mainhartsdorf durch eine Stiftung des Meginhalm von Pux begütert. Dessen Schwester verdankte das Kloster Sittich (Krain) eine Stiftung bei Bodendorf, wo 1152 eine „Taverne zu Babindorf" urkundlich genannt wird. Es ist dies die erste Erwähnung eines steirischen Wirtshauses (heute Gasthof Murer).

Neben den geistlichen Besitzungen bestanden noch etliche kleinere weltliche Herrschaften freier Familien, wie etwa die Herrschaft Pux, deren Inhaber gleichzeitig die Vogtei über die freisingische Herrschaft Katsch ausübten. Diese Grundherrschaften wurden aber meist von den größeren aufgesogen. So gingen zum Beispiel die Besitzungen freier Familien westlich und nordwestlich von Murau in die Herrschaft Liechtenstein über. Das Ministerialengeschlecht der Liechtensteiner konnte seit dem 12. Jahrhundert durch Belehnung mit freisingischen und salzburgischen Gütern in der Gegend um Murau Fuß fassen und durch geschickte Erwerbungen schließlich eine stattliche Herrschaft aufbauen.

Das Gebiet des heutigen Bezirkes Murau gehörte im Mittelalter mit Ausnahme des freisingischen Wölzertales zunächst zur Grafschaft Friesach. Mit dem Tode des letzten Eppensteiners wurden dessen gesamter Eigenbesitz im Grasluppal und die Vogtei über St. Lambrecht aus dem Einflußbereich des Herzogs von Kärnten herausgelöst. Damit war die heutige Grenzlinie des Bezirkes Murau im Bereich des Grasluppaltales gegenüber dem südlichen Bundesland bereits vorgezeichnet. Dagegen blieb die Mur auch im 15. Jahrhundert noch von Predlitz bis zur Einmündung des Laßnitzbaches östlich von Murau als Grenze zwischen Steiermark und Kärnten bestehen.

St. Peter am Kammersberg, Kirche mit Karner

Gotischer Flügelaltar in der St. Ulrichskirche bei Krakaudorf

Innenansicht der St. Cäciliakirche bei Bodendorf

St. Lambrechter Votivtafel

Die Entstehung von Kirchen und Pfarren

Gleichzeitig mit der Erschließung des Landes wurde unser Gebiet von Salzburg aus in die kirchliche Organisation einbezogen. Zunächst bestanden nur wenige, doch weit ausgedehnte Pfarren. Mit der fortschreitenden Besiedlung wurde es notwendig, weitere Kirchen zu bauen, denn das Leben im Mittelalter war weitgehend vom Religiösen her geprägt.

Die Errichtung von Gotteshäusern ging meist von adeligen Grundherren aus, die für ihre Untertanen Kapellen oder sogenannte Eigenkirchen erbauten. Diese waren mit Gütern ausgestattet, deren Erträgnisse zur Erhaltung des Bauwerkes samt seiner Einrichtung und für den Unterhalt eines Pfarrers bestimmt waren. Der Grundherr hatte das alleinige Entscheidungsrecht über die Einsetzung eines Geistlichen und verfügte auch über die kirchlichen Einkünfte, den Zehent. Als viele dieser Eigenkirchen im Laufe der Zeit Pfarrechte erhielten, setzte bei den großen Urpfarren eine Zersplitterung ein.

Im Jahre 1066 gestand der Salzburger Erzbischof dem Markwart von Eppenstein für etliche seiner Eigenkirchen Pfarrechte zu. Damals wurde auch die eppensteinische Eigenkirche zu Mariahof, die ecclesia ad Grazluppa, aus der Urpfarre Friesach herausgelöst und zur selbständigen Pfarrkirche erhoben. Ihr Pfarrsprengel reichte im Süden bis Pöllau und Bischofberg und schloß im Norden Scheifling und Teile des Murtales bis Scheiben mit ein.

Die Kirche zu Mariahof dürfte bald nach dem Jahre 1000 von der Gemahlin des Adalbero von Eppenstein, Beatrix, gegründet worden sein. Nach einer Legende, die wohl im 15. Jahrhundert entstanden ist, war die Stifterin die Schwester Herzog Heinrichs III., die ihr ganzes Vermögen der Kirche und den Armen geschenkt und selbst zum Bettelstab gegriffen haben soll. Bei einer Begegnung mit ihrem Bruder sollen sich die in ihrer Schürze gesammelten Brotkrumen in Rosen verwandelt haben.

Die ursprüngliche Pfarrkirche in Mariahof war vermutlich dem hl. Michael geweiht. Da 1103 eine Marienkirche erwähnt wird, vermutet Wonisch, daß es sich um eine Doppelkirche

Pfarrkirche in St. Georgen ob Murau

handelte. Noch 1226 wird die Kirche zu Mariahof als „s. Maria sanctusque Michael in Hove" genannt. Das Patrozinium des hl. Michael scheint jedoch später in Vergessenheit geraten zu sein. Eine abgeschlossene Kapelle in der heutigen Pfarrkirche ist noch diesem Schutzheiligen geweiht und könnte ein Hinweis auf die verschollene Michaelikirche sein.

Die Seelsorge in der ausgedehnten Pfarre oblag ursprünglich Weltpriestern, die einem kleinen Kollegiatstift bei der Kirche angehörten. Im Jahre 1103 kam die Hoferkirche an das Stift St. Lambrecht. Ihr Pfarrsprengel wurde später verkleinert, als die Kirche zum hl. Thomas in Scheifling das Pfarrecht erhielt.

St. Marein bei Neumarkt dürfte schon im 12. Jahrhundert aus der Urpfarre Friesach ausgeschieden worden sein. Aus ihr entstanden die heutigen Pfarren St. Margarethen am Silberberg, St. Martin am Silberberg, Greith, Perchau, St. Veit in der Gegend und Pöllau. Einige davon wurden allerdings erst unter Kaiser Josef II. zu Pfarren erhoben.

Frojach wird 1366 erstmals als Pfarre genannt und ist mit seiner Kirche zum hl. Andreas ebenfalls aus der Friesacher Urpfarre herausgelöst worden. Die Kirche soll ursprünglich am linken Murufer in der Nähe der Mündung des Katschbaches gestanden und durch Hochwasser zerstört worden sein.

Die erste Pfarrkirche beim Kloster in St. Lambrecht war die sogenannte „Kaltenkirche" am Friedhof, der heutige Karner. Auch sie wurde von der Pfarre Friesach abgetrennt, mußte aber im Jahre 1424 ihr Pfarrecht an die neuerrichtete Spitalskirche St. Peter abtreten.

Die Pfarren des oberen Murtales haben St. Georgen zur Mutterpfarre, deren Kirche 1234 urkundlich genannt wird. Aus ihr gingen zunächst die Pfarren Ranten und St. Peter am Kammersberg und später auch die Pfarren Stadl und Murau hervor.

In St. Peter dürfte das Bistum Freising schon bald nach der Besitzerwerbung im Katschtal eine Kapelle errichtet haben, für die es zwischen 1184 und 1220 das Pfarrecht erwerben konnte. Es wird vermutet, daß die Kirche St. Bartholomäus in Althofen noch älter ist und schon vor 1007 bestanden hat.

womöglich die ursprüngliche Pfarrkirche dieses Gebietes war und ihr Pfarrecht später an St. Peter abgeben mußte. Ranten wurde schon 1120 zur Pfarre erhoben, als der Hochfreie Dietmar von Lungau für seine Kapelle das Pfarrecht erhielt.

Otto von Liechtenstein erwarb um 1290 für die Kirche zum hl. Matthäus in Murau das Pfarrecht, allerdings nur für den Ortsbereich. Im Jahre 1333 kam der neugegründete Stadtteil Rindermarkt hinzu.

Die Kirche von Stadl wird schon 1180 und 1190 urkundlich erwähnt, wurde jedoch erst 1272 zur Pfarrkirche erhoben.

Die dritte Urpfarre, aus der im Bezirk Murau selbständige Pfarren entstanden, war Pöls. Schon gegen Ende des 12. Jahrhunderts wurde vermutlich die Kirche St. Martin in Oberwölz herausgelöst. Später trennten sich noch die Pfarren St. Lorenzen bei Scheifling und Teufenbach ab.

Außer den Pfarrkirchen bestand schon früh eine Reihe von Filialkirchen, die von der tiefen Verankerung des Glaubens in der Bevölkerung des Mittelalters Zeugnis geben.

Viele kirchliche Bauwerke unseres Gebietes stammen aus der Romanik und weisen zum Teil noch deutlich Bauelemente aus dieser Zeit auf. Als Beispiele seien die Kirchen von Sankt Veit in der Gegend, Niederwölz, Oberwölz, Teufenbach, Scheifling, Steirisch Laßnitz, St. Egidi und St. Peter am Kammersberg genannt. Am besten konnte das 1186 geweihte kleine Kirchlein in der Karchau seine romanischen Grundzüge bewahren.

Die Kirche in Predlitz könnte ihren Ursprung sogar in der vorromanischen Zeit haben, denn ihre beiden Schutzheiligen, der hl. Primus und der hl. Felicianus, wurden häufig von den Slawen verehrt.

Eine Blütezeit erlebte der Kirchenbau in der Gotik, deren Höhepunkt im 15. Jahrhundert lag. Zum Teil wurden bestehende Kirchen umgebaut oder erweitert, zum Teil etliche neue Meisterwerke gotischer Baukunst geschaffen. Eines der eindrucksvollsten Zeugnisse dieser Epoche ist wohl die Pfarrkirche zum hl. Matthäus in Murau. Besonderes Interesse verdient auch die Spitalskirche St. Sigismund in Oberwölz, die Hans Jertleben im Jahre 1430 vollendete. Angepaßt an die örtliche

St. Ulrichskirche bei Krakaudorf

Innenansicht der Filialkirche St. Lorenzen ob Murau

Begrenztheit beim Hintereggertor weist das Bauwerk mit einer zweimalig gebrochenen Achsrichtung außerordentliche künstlerische Leistungen auf.

Zeugen gotischer Baukunst finden sich nicht nur in Städten, Märkten und Dörfern, sondern auch fernab der menschlichen Behausungen in stiller Abgeschiedenheit der Natur. Als Beispiele seien die St. Ulrichskirche in Krakauhintermühlen, die Kirche St. Lorenzen ob Katsch und als besonderes Juwel das Kirchlein St. Cäcilia, muraufwärts von Bodendorf, angeführt.

Das Stift St. Lambrecht

Es war vermutlich Graf Markwart II. von Eppenstein, der um die Mitte des 11. Jahrhunderts im Thayatal am Oberlauf des heutigen Lambrechterbaches ein dem hl. Lambert geweihtes Kirchlein erbaute. Der hl. Lambert, im 7. Jahrhundert Bischof von Maastrich, war ein beliebter Kirchenpatron der Eppensteiner, die ihm mehrere Gotteshäuser weihten. Die Kirche St. Lambert im Walde wird im Jahre 1066 erstmals erwähnt, als Graf Markwart mit dem Bischof Gebhard von Salzburg den Zehent und die Pfarrechte der eppensteinischen Eigenkirchen vertraglich regelte. Damals erhielt die Kirche in „Graslab", Mariahof, das volle Pfarrecht, während der Lambertikirche nur das Tauf- und Begräbnisrecht zugestanden wurde.

Graf Markwart dürfte schon bald nach 1066 mit dem Bau eines Klosters bei der Kirche im Walde begonnen haben, doch starb er 1076, ohne sein Vorhaben verwirklicht zu sehen. Sein Sohn Heinrich III., der seit 1090 die Kärntner Herzogswürde innehatte, vollendete das fromme Werk vermutlich im Jahre 1096, denn damals fertigte Kaiser Heinrich IV. dem Kloster ein Diplom zur Sicherung seiner rechtlichen Stellung aus.

Die ersten Mönche in St. Lambrecht waren Benediktiner aus St. Blasien im Schwarzwald. Ihr Abt war der frühere Prior des Stammklosters und hieß Hartmann. Dessen Mutter soll Frau Ava, die erste Dichterin deutscher Sprache, gewesen sein.

Herzog Heinrich III. schloß seine Stiftung im Jahre 1103 ab, indem er dem Kloster ausgedehnten Grundbesitz in der nähe-

Das Fürstliche und Exempte Closter
SL AMBRECHT

St. Lambrecht, von G. M. Vischer, 1681

ren Umgebung von St. Lambrecht, im Aflenztal, bei Mariazell und bei Voitsberg schenkte. Zur Stiftung gehörten außerdem etliche Eigenkirchen mit reicher Ausstattung wie Weißkirchen bei Judenburg, Lind bei Zeltweg, St. Marein im Mürztal, Piber und Mariahof.

Als sich die Spannungen zwischen Kaiser und Papst nach den schweren Auseinandersetzungen im Investiturstreit gemildert hatten, nahm auch der Papst, damals Paschal II., im Jahre 1109 das Kloster unter seinen Schutz, um es vor Übergriffen des Diözesanbischofs und vor Güterentfremdungen zu bewahren.

Das Stift St. Lambrecht erlebte schon bald nach seiner Gründung ein rasches Aufblühen und konnte 1144 zwölf Mönche an das neugegründete Kloster St. Lambert in Altenburg entsenden. Im Jahre 1147 kam es zur Schaffung einer Zelle in Mariahof, und zwölf Mönche aus St. Lambrecht ließen sich dort nieder. Sie blieben zwar weiterhin vom Mutterkloster St. Lambrecht abhängig, übernahmen aber außer der Seelsorge auch die selbständige Verwaltung der zur Mariahofer Kirche gehörigen Güter. Dieser Besitz wurde erst nach Aufhebung des Tochterklosters gegen Ende des 15. Jahrhunderts in den Verwaltungsbereich von St. Lambrecht einbezogen und dort in den klösterlichen Urbaren als „Hoferamt" geführt.

Um die Mitte des 12. Jahrhunderts kam es auch zur Errichtung der Priorate Aflenz und Piber sowie Mariazell, das sich zum bedeutendsten Marienheiligtum Österreichs entwickelte. Rund 30 Gotteshäuser sind unter dem Einfluß des Klosters St. Lambrecht in der West- und Obersteiermark entstanden.

Auf Grund seiner kaiserlichen und päpstlichen Privilegien erhob das Kloster Anspruch auf volle Exemtion, das heißt, auf Herauslösung aus der Jurisdiktion des Erzbischofs. Es sollte kirchenrechtlich direkt dem Papst unterstellt sein.

Das Ringen um die Anerkennung der Exemtion durch den Bischof begann bereits früh im 13. Jahrhundert. Nach dem Tode des Abtes Peringer im Jahre 1216 bot sich dem Erzbischof ein Anlaß, den Unabhängigkeitsbestrebungen des Klosters Einhalt zu gebieten, denn der Konvent konnte über die Nachfolge des verstorbenen Abtes keine Einigung erzielen. Ein

Teil sprach sich für den Mönch Wolfker aus, dessen Wahl die Anerkennung des Erzbischofs fand, während der andere Teil den Prior der Zelle Mariahof, Walther, zum Abt erhob. Letzterer, wahrscheinlich der Führer der Exemtionsverfechter, wandte sich an den Papst um eine Entscheidung, doch bevor aus Rom eine Antwort eintraf, zog 1217 der Erzbischof mit einer Streitmacht nach Mariahof, zerstörte die Mönchsniederlassung und nahm den im Kampf verwundeten Prior gefangen. Auf Veranlassung des Papstes mußte der Erzbischof für den dabei angerichteten Schaden Ersatz leisten und den Gefangenen wieder freigeben. Ob Walther mit jenem Waltfried identisch ist, den der Papst schließlich zum Abt weihte, kann nicht eindeutig nachgewiesen werden.

Ein Vergleich zwischen dem Kloster und dem Erzbischof kam durch die Vermittlung des Landesfürsten, Herzog Leopolds VI., im Jahre 1224 zustande, doch das Problem war damit nicht endgültig aus der Welt geschafft. Denn erst 1662 unter Abt Benedikt Pierin konnte das Kloster die Anerkennung seiner Sonderstellung durch den Erzbischof erreichen.

Die Besitzungen des Klosters waren größer als so manches deutsche Fürstentum, doch mehr als zwei Drittel davon waren dicht bewaldet. Es bedeutete eine gewaltige Aufgabe, dieses Gebiet zu erschließen und für die Landwirtschaft ertragreich zu gestalten. Die Leistungen der Mönche waren dabei ein kaum zu ermessender Beitrag zur Kolonisierung des Landes. Die Klosterbrüder waren nicht nur Lehrmeister für die Entfaltung der Landwirtschaft, sondern führten auch ihre klösterlichen Wirtschaftshöfe geradezu als landwirtschaftliche Musterbetriebe.

Der reiche Besitz bildete eine sichere materielle Grundlage für die Betätigung auf kulturellem und geistigem Gebiet, so daß St. Lambrecht im Mittelalter zu einer Pflege- und Heimstätte für Schreibkunst, Archivs- und Bibliothekswesen aufblühte. Daneben erfüllte das Kloster auch soziale Aufgaben in der Armen- und Krankenpflege, denn die Hauptlast dieser Fürsorge trug damals die Kirche.

Die Äbte von St. Lambrecht genossen hohes Ansehen und wurden des öfteren zu besonderen Diensten für Land und

Herrscher berufen. Abt Friedrich weihte 1299 auf dem Hoftag zu St. Veit an der Glan die Schwerter der jungen Herzöge von Kärnten, Abt Otto reiste 1312 als Brautwerber für Herzog Friedrich den Schönen nach Aragonien und Abt Johann wurde 1471 zum Viertelmeister in der Steiermark bestellt. Er hatte die zur Abwehr der Türken auferlegten Steuern einzuheben.

Aus der Baugeschichte des Klosters

In St. Lambrecht stand ursprünglich eine dreischiffige romanische Basilika, die 1148 erstmals geweiht wurde. Von ihr sind in der heutigen Stiftskirche nur noch die Türme bis zur Höhe der Turmuhren und die Mauern der Seitenschiffe erhalten. 1928 konnten im Inneren der Kirche noch Teile des alten Fundamentes ausgegraben werden.

Im umliegenden Friedhof steht noch der 1248 geweihte romanische Karner, der im Volksmund und nach der Überlieferung als „Kalte Kirche" bezeichnet wird. Er dürfte an der Stelle jener schon 1148 genannten „Kalten Kirche" erbaut worden sein, die bereits um 1224 als Pfarrkirche nachgewiesen ist.

Von den Klostergebäuden aus der Romanik ist heute nichts mehr erhalten, doch berichten die spärlichen Quellen, daß schon im 12. Jahrhundert eine Schule, wohl zur Heranbildung des Klosternachwuchses, und ein Spital bestanden haben.

Nach einem Brand im Stiftstrakt im Jahre 1287 dürfte hier die Gotik Einzug gehalten haben. Von den Künstlern, die mit der Neuausstattung beauftragt waren, sind einige Namen aus dem Totenbuch bekannt. Auch Klosterbrüder haben an der Ausgestaltung mitgewirkt, und selbst dem Abt Wolfker wird die Verfertigung von Wandteppichen zugeschrieben.

Als Ende 1327 oder Anfang 1328 die Stiftskirche einstürzte, begann Abt Otto mit der Errichtung jener gotischen Hallenkirche, die ihren Gesamteindruck bis heute bewahren konnte. Die Bauzeit währte nahezu ein Jahrhundert, und die Vollendung der einzelnen Bauabschnitte ist an verschiedenen Weihedaten zu erkennen. Als im Jahre 1421 der Hochaltar und das Langschiff geweiht wurden, war der Kirchenbau abgeschlossen.

Noch während der Arbeiten an der Stiftskirche entstand unter Abt Rudolf von Lichtenegg auf der Anhöhe westlich davon ein Schloß. Nach der Überlieferung soll an dieser Stelle bereits vor der Gründung des Klosters der Herzog von Kärnten einen Jagdsitz besessen haben. Das Bestehen einer Burg dürfte jedenfalls bis ins 12. Jahrhundert zurückreichen, denn in dieser Zeit wird schon eine Jakobskapelle erwähnt. Diese kann als Vorgängerin der den heiligen Aposteln Philipp und Jakob geweihten Schloßkapelle angesehen werden, die 1420 errichtet wurde. Wenige Jahre später begann unter Abt Heinrich II. Moyker der Bau der Peterskirche und eines neuen Spitalgebäudes, das einen eigenen Zugang zur Empore dieser Kirche hatte. Das ehemalige Portal ist heute noch über dem Eingang in der Westwand der Kirche zu erkennen.

Das Jahr 1471 brachte das Stift St. Lambrecht in schwere Bedrängnis. Anfang Juli fielen die Stiftskirche und das Kloster einem verheerenden Brand zum Opfer. Altäre und Glasgemälde wurden vernichtet, die Glocken schmolzen in der Hitze der Flammen, und auch die nahezu neue Orgel verbrannte. Nachdem sich der Konvent im Spitalgebäude notdürftig eingerichtet hatte, brach auch hier Feuer aus und äscherte das Spital und die Peterskirche ein.

Bald jedoch begann der Wiederaufbau, und unter den Äbten Johann Sachs und Valentin Pierer entfaltete sich reges Kunstschaffen zur neuerlichen Ausschmückung der Stiftskirche und des Klosters. Kunst und Wissenschaft erlebten im wiedererstandenen Stift eine neue Blüte.

Doch die Vorboten unruhiger Zeiten führten bereits zu baulichen Vorkehrungen im Interesse der Wehrhaftigkeit. Mit Rücksicht auf die drohende Türkengefahr mußten auf der ganzen Grundherrschaft die Wege gesichert werden. Der Bau einer neuen Befestigungsanlage für das Kloster wurde 1479 in Angriff genommen. Schon früh hatte eine Mauer die Kirchen, Wirtschafts- und Wohngebäude zu einem geschlossenen Bereich zusammengefaßt. Nun errichtete man zusätzlich zwei Türme, um die Zugänge zum Kloster zu sichern. Das nördliche Torhaus vermittelte über eine Zugbrücke den Zugang zum Schloß und ist heute noch erhalten. Der südliche Torturm mußte dem heutigen Gast- und Prälaturtrakt weichen. Von den übrigen Befestigungsanlagen sind noch einzelne Teile erkennbar.

Große Umbauten im Schloß erfolgten um 1500 unter Abt Valentin Pierer, der hier eine Abtwohnung einrichtete und größere Umgestaltungen vornahm, so daß es mit seinen Türmen und Erkern, Arkaden und Stiegenaufgängen einen malerischen Anblick bot.

Die politischen und wirtschaftlichen Erschütterungen im 16. Jahrhundert brachten für das Kloster St. Lambrecht schwere Belastungen und einen Stillstand in der Bautätigkeit. Wenn es auch vom Kriegsgeschehen nicht unmittelbar betroffen wurde, war es doch durch ungeheure finanzielle Belastungen in seiner wirtschaftlichen Existenz bedroht. Der Beginn des materiellen Niederganges zeichnete sich ab, als Abt Johann Sachs im Jahre 1515 gezwungen war, das Silbergeschirr gegen Bargeld einzutauschen. Der zwangsweisen Ablieferung von Gold und Silber im Jahre 1526 folgte die Einführung der „Terz", wonach das Kloster ein Drittel seiner Einkünfte dieses Jahres für die Landesverteidigung gegen die Türken abgeben mußte. Noch schwerwiegender war die Auferlegung der „Quart", die dem Kloster ein Viertel seines Besitzes abverlangte. Nur durch den Verkauf der Landgerichte um Neumarkt und Friesach konnte St. Lambrecht den wirtschaftlichen Ruin abwehren. Unter diesen Belastungen kam das künstlerische Schaffen in St. Lambrecht zur Gänze zum Erliegen.

Mariahof

Die politische Entwicklung im Hochmittelalter

Unter dem letzten Traungauer Otakar IV. wurde die Steiermark im Jahre 1180 zum Herzogtum erhoben. Nach Otakars Tod gelangte sie 1192 in den Besitz der Babenberger, die das Herzogtum Österreich innehatten. Unter Leopold VI. entstanden zahlreiche Städte und Märkte, darunter auch Neumarkt. Sein Sohn Friedrich II., der Streitbare, traf 1235 hier mit Kaiser Friedrich II., der gerade mit prunkvollem Gefolge auf der Durchreise nach Deutschland war, zu einer Aussprache zusammen. Als der Babenberger 1246 im Kampf gegen die Ungarn als letzter Sproß seines Hauses fiel, zog der Kaiser seine Länder als erledigte Reichslehen ein und bestellte Graf Meinhard von Görz zum Landeshauptmann für die Steiermark.

Um diese Zeit hatten die Auseinandersetzungen zwischen Kaiser und Papst schon mehrere Jahre gedauert und das Land in Mitleidenschaft gezogen. Meinhard von Görz stand in Fehde mit dem erwählten Bischof von Salzburg, Philipp von Spanheim, dem Sohn des Kärntner Herzogs, die beide getreue Anhänger des Papstes waren. Mit Ermächtigung des Kaisers zog Meinhard von Görz alle Güter des Philipp einschließlich des uralten salzburgischen Besitzes im Graslupptal ein.

Als sich Philipp im Jahre 1259 nach einer Doppelwahl gegen seinen Rivalen auf dem Salzburger Bischofsstuhl durchzusetzen hatte, kam ihm sein Bruder Herzog Ulrich III. von Kärnten zu Hilfe und zog mit einer Streitmacht über den Neumarkter Sattel gegen Salzburg. Bei diesem Kriegszug kam die Ortschaft Mariahof schwer zu Schaden, und der Herzog hatte hohen Ersatz zu leisten.

Fehden unter den Adeligen und gegenseitige Überfälle aus persönlichen Rachemotiven oder Machtansprüchen waren um diese Zeit nicht ungewöhnlich. Die unsicheren Zustände wurden nach dem Tode Kaiser Friedrichs II. noch schlimmer, und es herrschte das nackte Faustrecht. So wurde zum Beispiel Ulrich von Liechtenstein vermutlich von eigenen Dienstmannen 1248 auf seiner Frauenburg überfallen und gefangen genommen. Die Mißstände der Zeit veranlaßten ihn zu folgender Klage: „Nun hub sich große Not in Steier, mancher ward arm, der vorher reich gewesen, man beraubte die Länder Tag und Nacht, wovon viele Dörfer wüste lagen. Die Reichen nahmen den Armen ihr Gut."

Nach dem Tode des Kaisers griffen König Bela von Ungarn und der böhmische Kronprinz Ottokar offen in den Kampf um die babenbergischen Länder ein. In dem vom Papst vermittelten Frieden von Ofen erhielt schließlich König Bela die Steiermark.

Die Zwistigkeiten um den Bischofsstuhl in Salzburg im Jahre 1259 nahm der Adel zur Gelegenheit, die ungarische Herrschaft abzuschütteln. König Ottokar von Böhmen erhielt die Herzogswürde angetragen, und im Streit zwischen Böhmen und Ungarn brachte die Schlacht bei Kroißenbrunn die Entscheidung: Ottokar von Böhmen erhielt die Steiermark.

König Ottokar sah sich veranlaßt, gegen den zu übermäßiger Macht gelangten Adel durchzugreifen, obgleich er zunächst dessen Unterstützung genossen hatte. Er begünstigte die Entwicklung der Städte, half den Rittern und beschützte Kirchen und Klöster vor den Übergriffen der Hochadeligen. Auf dem Landtaiding in Graz im Jahre 1260 stellte er St. Lambrecht und Mariahof unter seinen besonderen Schutz.

Der an Fehden gewöhnte Adel plante 1268 wieder Aufruhr, doch wurde sein Vorhaben dem Landesfürsten vorher bekannt und führte zu zahlreichen Verhaftungen. Auch Ulrich von Liechtenstein wurde gefangen genommen und erst nach Auslieferung seiner Burgen Murau, Liechtenstein bei Judenburg und Frauenburg wieder freigelassen. Nach dem Bericht der steirischen Reimchronik des Ottokar von der Gaal sollen diese Burgen zerstört worden sein. Auch die alte Marktsiedlung bei St. Egydi könnte damals gelitten haben. Möglicherweise war dieses Ereignis der Anlaß zu ihrer Verlegung unter den Burgberg, die wohl erst nach der Versöhnung Ulrichs von Liechtenstein mit König Ottokar erfolgt ist.

Auch die Burg Katsch soll damals bis auf die Grundmauern zerstört worden sein, weil der Burgherr Wulfing von Stubenberg ebenfalls an der Verschwörung gegen Ottokar teilgenommen hatte.

Als 1273 Rudolf von Habsburg zum deutschen König gewählt wurde, trat in der Machtstellung Ottokars, der sich dem neuen Herrscher nicht beugen wollte, ein Umschwung ein. Rudolf I. sicherte sich die Unterstützung des steirischen Adels, indem er diesem nicht nur alle bisher erworbenen Rechte voll bestätigte, sondern noch zusätzliche einräumte. Ottokar unterlag dem König, und dieser übertrug die Steiermark 1282 an seine Söhne Albrecht und Rudolf. Ein Jahr später übernahm Herzog Albrecht auf Grund des Vertrages von Rheinfelden allein die Herrschaft über das Herzogtum Steiermark und bemühte sich, die landesfürstliche Macht wieder aufzurichten und Recht und Ordnung herzustellen. Mit diesem Bestreben stieß er auf den Widerstand des Adels, dessen Freiheitsbriefe er zunächst nicht bestätigte. Zum offenen Aufruhr gegen den Landesfürsten kam es jedoch erst im Winter 1292 nach dem Tode König Rudolfs I. Der Adel fand bei einigen ungarischen Grenzgrafen und vor allem bei Erzbischof Konrad IV. von Salzburg Unterstützung. Der Aufstand konnte zwar von Herzog Albrecht rasch niedergeschlagen werden, doch mit dem Erzbischof von Salzburg dauerten die Auseinandersetzungen noch bis 1297. In diesem Krieg wurde der salzburgische Besitz in der Steiermark arg verwüstet und unter anderem auch der Zehentturm von Baierdorf zerstört.

In den folgenden Jahrzehnten blieb unser Land von Kriegswut verschont und erlebte eine verhältnismäßig ruhige Entwicklung, die erst gegen Ende des 15. Jahrhunderts durch den Einfall von Türken und Ungarn jäh unterbrochen wurde.

Einer Sage nach soll jedoch die streitbare Tiroler Gräfin Margarete Maultasch um 1335 mit einer Streitmacht durch das obere Murtal gezogen sein, die Höhlenburgen bei Pux erobert und westlich von Teufenbach ein blutiges Gefecht geliefert haben. Der sogenannte „Blutgraben" hätte daher seinen Namen. An der Nordtüre der bereits erwähnten Cäciliakirche ist ein Hufeisen zu sehen, das Margarete Maultasch wutentbrannt gegen die Pforte geschleudert haben soll, weil das schwere Tor dem Ansturm ihres Kriegsvolkes widerstanden hätte. Es ist jedoch historisch nicht belegbar, daß die Gräfin je in unserer Gegend gewesen wäre.

Schutz des Landes

Dem 12. und 13. Jahrhundert verdanken wir die Reste der wohl mächtigsten Bauwerke aus dem Mittelalter, die Ruinen stattlicher Burgen. Diese Wehranlagen entstanden zum Schutz des umliegenden Landes meist auf schwer zugänglichen, doch leicht zu verteidigenden Höhen und lösten die bisherigen Befestigungsanlagen, Höfe mit Umwallung, einfachem Zaun und Graben, ab.

Die Steinburgen hatten nicht nur eine Schutzfunktion für die Bevölkerung und die Verkehrswege zu erfüllen, sondern waren als Mittelpunkte des rechtlichen und wirtschaftlichen Lebens auch Garanten für Sicherheit und Ordnung im Lande. Um jede Burg bestand ein abgegrenzter Rechtsbezirk mit „Niederer Gerichtsbarkeit", der Burgfried, innerhalb dessen über zivilrechtliche Belange und kleinere Vergehen eigenständig geurteilt werden konnte. Nur einige Burgen waren Sitz eines Landgerichtes und verfügten über die „Hohe Gerichtsbarkeit". Ihnen oblag die Ahndung schwerer Verbrechen und die Verhängung von Todesstrafen. Im Bezirk Murau übten die Burgen Dürnstein, Forchtenstein, Obermurau und seit 1656 Rotenfels die „Hohe Gerichtsbarkeit" aus. Die Burgen waren aber auch Zentren des Kriegswesens und nicht zuletzt grundherrschaftliche Verwaltungsstellen.

Die meisten Festen ließ der Landesfürst errichten, doch durften auch Hochfreie und Ministeriale, die im 12. Jahrhundert zu Macht gelangt waren, solche erbauen.

Die Anlage einer Burg richtete sich naturgemäß nach dem Gelände und war in der Regel um den Bergfried angeordnet, einen mehrstöckigen, wuchtigen Turm an der am schwersten zugänglichen Stelle. Der Eingang zu diesem befand sich im ersten Stockwerk und war nur über eine Leiter erreichbar. Der Bergfried diente als letzte Zufluchtsstätte bei feindlichen Angriffen, als Verlies und in ältester Zeit auch als Wohnstätte. Im herrschaftlichen Wohngebäude, dem „Palas", lagen im Oberstock der Rittersaal und manchmal auch die Burgkapelle. Je nach der Bedeutung der Anlage schlossen sich weitere Wohn- und Wirtschaftsgebäude, Vorratskammern sowie Stallungen an, wobei durch Erweiterungsbauten oft auch mehrere Burghöfe entstanden.

Die ganze Wehranlage umgab noch eine starke Mauer und vielfach auch ein Burggraben. Beim Torturm war die Zugbrücke ein wichtiger Schutz für die Verteidiger. Der Wasserversorgung dienten Zisternen oder auch tiefe Ziehbrunnen.

Zahlreiche Burgruinen im Bezirk Murau lassen ihre einstige Anlage noch deutlich erkennen, doch ist es nicht immer leicht und ungefährlich, sie zu erreichen und zu durchforschen.

Der am höchsten gelegene Wehrbau der Steiermark, die Burg Stein, liegt im oberen Murtal am westlichen Ausläufer des Kreuzecks. Ihre Lage bietet einen weiten Fernblick über das Graslupptal, das Murtal aufwärts bis ins Katschtal, ins Wölzertal und schließlich auch murtalabwärts. Von Stein bestand somit beste Sichtverbindung zu den umliegenden Burgen und den wichtigsten Verkehrswegen in der Umgebung. Die Anlage wurde gegen Ende des 11. Jahrhunderts auf ehemaligem Grundbesitz der Aribonen erbaut und fiel wohl als freies Eigentum der Eppensteiner im Jahre 1122 an die Traungauer. Von 1279 bis 1503 befand sie sich im Besitze der Liechtensteiner und wurde dann vom Stift St. Lambrecht erworben. Während der Bauernunruhen und der ständig drohenden Türkeneinfälle in der ersten Hälfte des 16. Jahrhunderts ließ Abt Valentin Pierer die Befestigungsanlagen verbessern und erweitern. Seit der vorübergehenden Aufhebung des Klosters im Jahre 1786 ist das Schloß dem Verfall preisgegeben, doch sind immer noch Reste der romanischen Altburg auf der höchstgelegenen Stelle, Teile eines turmgekrönten Hauses sowie zwei Rundtürme erhalten. Die im 14. Jahrhundert genannte Katharinenkapelle im Nordflügel ist ebenso noch erkennbar wie eine überwölbte Auffahrt mit Wehrgang. Zwei Vorburgen stammen aus der Zeit um 1532.

Das Wölzertal wird von der weithin sichtbaren Burg Rotenfels beherrscht, die sich in der Nähe von Oberwölz auf einem rötlichen Felsvorsprung, dem sie wohl ihren Namen verdankt, erhebt. Seit ihrer Errichtung gegen Ende des 12. Jahrhunderts blieb sie bis zur Aufhebung der geistlichen Grundherrschaften im Jahre 1805 in freisingischem Besitz und war mit ritterlichen

Dienstleuten des Bischofs besetzt. Als oberste Verwaltungsstelle für die Güter des Bistums Freising im Katsch- und Wölzertal ist ihre Geschichte trotz der Lage außerhalb der Stadt mit jener von Oberwölz in enger Verbindung. Von 1656 bis 1848 war Rotenfels auch der Sitz eines Landgerichtes. Die Burg ist heute noch gut erhalten und in manchen Teilen zweckmäßig erneuert. Im Südtrakt über dem steil zum Tal abfallenden Felsen befinden sich die Wohnräume, die Katharinenkapelle und der Gerichtssaal, bergseitig sind die Wirtschaftsgebäude und Verteidigungsanlagen angeordnet.

Als Talsperre und Straßensicherung wichtig war die Burg Altteufenbach, die den Zugang vom Murtal zum Neumarkter Sattel beherrschte. Der einfache Wehrbau bestand aus einem dreistöckigen, turmartigen Haus, das durch einen Wehrgang mit einem tieferliegenden Torbau verbunden war. Die Anlage wurde im 12. Jahrhundert von den Teuffenbachern erbaut und war bis 1671 in deren Besitz. Im 19. Jahrhundert war die Burg bereits stark verfallen, wurde jedoch dem alten Zustand entsprechend wieder hergerichtet und bewohnbar gemacht.

Muraufwärts reihte sich Burg an Burg. Auf der Teufenbach gegenüberliegenden Murseite befanden sich in dem felsigen Steilabfall des Puxberges zur Mur zwei Höhlenburgen, Puxerluegg und Schallaun, die miteinander in Verbindung standen. Heute sind nur noch spärliche Reste der östlichen Anlage erhalten, nachdem sich im 19. Jahrhundert hier Räuberbanden festgesetzt hatten, deren Schlupfwinkel aus Sicherheitsgründen zerstört werden mußte.

Am Fuße des Puxberges sind noch die Ruinen der Burg Pux zu erkennen, einer ausgedehnten Anlage, die aus zwei Teilen bestand. Die Vorburg, das „Niederhaus", lag direkt am Verkehrsweg zwischen Niederwölz und Katsch und läßt heute noch den ehemaligen Wohntrakt erkennen. Das „Oberhaus", im 16. Jahrhundert zum Schloß ausgestaltet, fiel im Jahre 1798 einem Brand zum Opfer und wurde nicht mehr aufgebaut. Reste der Mauern sind noch im Wald zu sehen.

Ursprünglich gehörte die Burg mit einer kleinen Herrschaft den Hochfreien von Pux. Sie kam im 13. Jahrhundert an die

Grafen von Görz und ist seit 1443, abgesehen von einer kurzen Unterbrechung, im Besitz der Reichsfreiherren von Pranckh.

An der Einmündung des Katschtales in das Murtal entstand im 12. Jahrhundert auf einer steilen Felskuppe die Burg Katsch. Der Wehrbau bestand zuerst aus einem mehrstöckigen „festen Haus" innerhalb starker Ringmauern. Im 15. und 16. Jahrhundert errichtete man Zubauten im Nordwesten und eine Vorburg mit Wirtschaftsgebäuden im Osten. Die Burg Katsch war Verwaltungssitz der gleichnamigen Herrschaft, die sich auf ursprünglich freisingischem Besitz entwickelte und bis 1465 den Stubenbergern gehörte. Dann fiel sie an den Söldnerführer Andreas Baumkircher und wurde nach dessen Hinrichtung von Kaiser Friedrich III. eingezogen und dem Stift St. Lambrecht als Lehen übergeben. Nach mehrfachem Besitzerwechsel gelangte Katsch im Jahre 1698 an die Fürsten Schwarzenberg.

Gänzlich verschwunden sind die Stammburgen der Familien Saurau, deren Standorte nur mehr vermutet werden können Eine der Wehranlagen dürfte sich auf jenem Ausläufer des Roßecks gegen die Mur befunden haben, auf dem heute die kleine Ortschaft Saurau liegt. Die Burgen haben wahrscheinlich im Ungarnkrieg stark gelitten und sind danach verfallen. Die dazugehörige Herrschaft Saurau wird nach wechselvollem Geschick schon im 16. Jahrhundert als verwahrlost geschildert und kam 1697 in schwarzenbergischen Besitz.

Weiter muraufwärts war der wichtige Straßenknotenpunkt Murau an einer Engstelle des Tales durch zwei Burgen gesichert. Etwas südöstlich des heutigen Schlosses Obermurau erhob sich eine mächtige Burganlage, die Ulrich von Liechtenstein zwischen 1235 und 1250 errichtet hatte. In der ersten Hälfte des 17. Jahrhunderts mußte sie dem Neubau des heutigen Schlosses weichen.

Am gegenüberliegenden Murufer sind noch Reste der Burg Grünfels erhalten, bestehend aus Turm, Teilen der Ringmauer und einem Wohngebäude. Die nahe Leonhardikirche dürfte aus der Burgkapelle zur hl. Katharina entstanden sein. Die Wehranlage stammt aus der Zeit um 1333 und wurde vermutlich zum Schutz des neuangelegten Stadtteiles „Rindermarkt" am rechten Murufer von Otto von Liechtenstein ge-

Schloß Pux, von G. M. Vischer, 1681

baut. Es gibt keine Anhaltspunkte dafür, daß bereits vorher auf dem Leonhardiberg eine Befestigung bestanden hätte.

Da die Mur von Predlitz bis zur Einmündung des Laßnitzbaches noch im 15. Jahrhundert die Grenze gegen Kärnten bildete, ist anzunehmen, daß von Murau talaufwärts weitere Befestigungsanlagen bestanden haben. Nur Geländeformen sowie Überlieferungen in Chroniken und Urkunden lassen auf einzelne Wehrbauten schließen, deren Gemäuer jedoch gänzlich verschwunden sind. So gelten der Gehöftname „Burgstaller" und die Geländebezeichnungen „Burgstall" und „Schloßpichl" als Hinweise auf verschwundene Wehrstätten. Solche Anhaltspunkte finden sich zum Beispiel am Lerchberg bei Olach und am Zielberg gegenüber der Cäcilienkirche bei Bodendorf. Es wird vermutet, daß diese Kirche sogar Bestandteil einer Befestigungsanlage war, möglicherweise in Verbindung mit dem Burgstall am Zielberg, dessen Name von Cäciliaberg hergeleitet wird.

Östlich von Predlitz in der Nähe der im 19. Jahrhundert erbauten Watschallerkapelle finden sich Mauerreste einer verschollenen Burg, von der Name wie Bauherr unbekannt sind. Die Kapelle soll aus den Steinen des verfallenen Bauwerkes errichtet worden sein.

Auch im Ranten- und Katschtal dürften mehrere befestigte Anlagen bestanden haben, von denen heute kaum mehr Spuren festzustellen sind. Der Standplatz des Turmes zu St. Peter am Kammersberg wird am „Pirkanger" nächst den Gehöften „Mair" und „Pirker" vermutet. Hier könnte auch eine Richtstätte gewesen sein, da im Josefinischen Kataster aus dem Jahre 1787 ein „Urthl", nämlich ein Urteilbächlein, wie ein „Urthlkreuz" bezeugt sind. Der Turm ist wahrscheinlich im Jahre 1469 während der Baumkircher Fehde zerstört worden. Zu Beginn des 17. Jahrhunderts bestanden noch Reste des alten Burgstalls, doch als 1733 der Markt St. Peter am Kammersberg abbrannte, holte man von hier das Material für den Wiederaufbau. Auch im Jahre 1870 wurden noch solche Steine für die Wiederherstellung abgebrannter Häuser verwendet.

Vermutlich gab es auch oberhalb von Katsch in der Nähe der St. Lorenzenkapelle eine Wehranlage, die während der

Kämpfe gegen Ende des 15. Jahrhunderts zerstört worden sein dürfte. Auch der Wehrbau auf dem Wachenberg oberhalb Feistritz, auf den noch die Geländebezeichnung „Burgstall" hinweist, könnte damals untergegangen sein.

Wie das Murtal war auch die Neumarkter Paßlandschaft durch Burgen gesichert. Diese hatten nicht nur die wichtigen Straßenzüge zu schützen, sondern auch das Einfallstor zum Neumarkter Becken von Süden her zu überwachen. Von der Kärntner Landesgrenze bis Scheifling standen daher zahlreiche Wehrbauten verhältnismäßig nahe nebeneinander.

An der Mündung des Einödgrabens zum Friesacher Becken lag eine der bedeutendsten Wehranlagen der Steiermark, die Burg Dürnstein. Sie wurde im 12. Jahrhundert auf Grundbesitz der Eppensteiner errichtet und im 15. und 16. Jahrhundert erweitert. Zu ihr gehörte eine ausgedehnte Herrschaft, die von 1299 bis 1608 von landesfürstlichen Ministerialen verwaltet wurde und dann zum Bistum Gurk kam. Sie war auch Sitz eines Landgerichtes.

Am Ausgang der Klamm vor Neumarkt thronte über dem linken Ufer des Olsabaches die Doppelburg Neudeck. Zwei einst durch Mauern verbundene Türme werden heute durch die Eisenbahnlinie getrennt. Der Zeitpunkt der Entstehung dieser Festung und der Name ihres Erbauers sind unbekannt. Im Jahre 1152 wird ein Gurker Dienstmann auf Neudeck genannt, später scheinen bis 1468 Lehensleute des Erzbischofs von Salzburg auf. In den Jahren 1480 bis 1490 wurde die Burg im Ungarnkrieg zerstört, und der dazugehörige Besitz fiel an die landesfürstliche Herrschaft Dürnstein.

Nordwestlich der Olsabachklamm liegen die Reste der einst auf Grundbesitz der Eppensteiner erbauten Schlösser von Lind. Starke Wehrmauern umfaßten einen vierstöckigen Wohnturm, einen Torturm sowie ein zweistöckiges Gebäude. Für das 14. und 15. Jahrhundert sind die Hammerl als Besitzer nachgewiesen, dann folgte die Familie Jöbstl. Moritz von Jöbstl, ein eifriger Verfechter des Protestantismus, erbaute 1601 das „Untere Schloß". 1755 kam der Besitz an das Stift St. Lambrecht und wird 1802 bereits als Ruine geschildert.

Dürnstein.

Burg Dürnstein, von G. M. Vischer, 1681

Über Neumarkt entstand in unbekannten Jahren, jedenfalls aber vor 1224, eine gleichnamige Burg zum Schutze des Marktes. Erst im 15. Jahrhundert wurde die Bezeichnung Forchtenstein gebräuchlich, die möglicherweise auf den Mundartausdruck „Forchen" für Föhre zurückgeht, da zuerst die Benennung „Voerchtenberg" auftauchte. Der Markt führt in seinem 1446 verliehenen Wappen eine Föhre oder Tanne.

Forchtenstein war Sitz des „Landgerichtes um Neumarkt" und Verwaltungsstelle für das landesfürstliche „predium provincie in Grazlaup". Die dazugehörige Herrschaft war nur klein, doch brachte die Maut an der verkehrsreichen Straße von und nach Italien beträchtliche Einkünfte. Das einst fünfstöckige Turmhaus, der älteste und höchstgelegene Teil der Anlage, sowie der später zugebaute Palas und das Eingangstor sind noch erhalten. Die stattliche Burg dient heute als „Europahaus" für Zusammenkünfte europäischer Jugendbewegungen.

Der alte Markt Graslupp besaß ebenfalls eine Befestigungsanlage, die Sitz eines edlen Geschlechtes war. Als erster wird Gebhardus de Grazlub um 1140 genannt, später scheinen „die von Graslupp", „Graßlaber" und „Graßlaer" auf. Im Jahre 1492 kam der „Turm" in den Besitz des Stiftes St. Lambrecht. Er ist im Laufe der Jahrhunderte gänzlich verfallen, so daß heute nichts mehr davon zu sehen ist.

Jenseits des Perchauer Sattels liegt vor Scheifling die Ruine „Tschakathurn" oder „Schachenturm", Rest einer vermutlich im 13. Jahrhundert erbauten kleinen Burg. Ursprünglich dürfte die Anlage aus einem Wohnturm, einem Nebengebäude und einer Wehrmauer mit festem Torbau bestanden haben. Bis ins 15. Jahrhundert gehörte sie der ritterlichen Familie Schachner und wurde nach mehrmaligem Besitzerwechsel 1740 von Fürst Josef Adam zu Schwarzenberg erworben. Nach einem Brand im Jahre 1792 unterblieb der Wiederaufbau und der Verfall nahm seinen Fortgang.

In dem schon im 10. Jahrhundert genannten Ort „Sublich", dem heutigen Scheifling, dürfte ebenfalls ein Wehrbau bestanden haben, dessen Lage zwischen den Bauernhöfen Granitzer und Pirker vermutet wird. Auch das ehemalige Schloß Schrattenberg am Nordwesthang des Kreuzecks geht auf einen alten Wehrbau zurück, der im 12. Jahrhundert entstanden ist und 1144 erstmals genannt wird.

Amt- und Zehenthöfe

Neben den zahlreichen Burgen sind in einzelnen Gebieten sogenannte Amthöfe als Mittelpunkte des wirtschaftlichen Lebens zu Bedeutung gelangt. Wenngleich sie zum Teil auch starke Befestigungsanlagen aufwiesen, dienten sie doch weniger der Verteidigung, sondern vielmehr der Verwaltung vorwiegend geistlicher Grundherrschaften.

Ein wichtiger Amthof war zum Beispiel der salzburgische Zehenthof zu Irnfridsdorf, dessen Ruine heute noch bei St. Ruprecht unmittelbar neben der Bundesstraße zu sehen ist. In Vischers Schlösserbuch aus dem Jahre 1681 ist dieser Amthof noch als zweigeschossiger Bau mit Wehrtürmen und Ringmauer dargestellt. Der „Fritzhof" fiel 1928 einem Brand zum Opfer. Auch der Amthof des Domkapitels zu Gurk wird in dieser Gegend vermutet, doch sind keinerlei Reste davon zu finden.

Auf den wehrhaften Zehentturm des Erzbistums Salzburg zu Baierdorf wurde bereits hingewiesen. 1076 dürfte hier erstmals ein Turm errichtet worden sein, der nach seiner Zerstörung um 1292 in den folgenden Jahren an derselben Stelle wieder aufgebaut wurde. Das mächtige Bauwerk ist 24 m hoch und birgt 6 Geschosse. Der Zugang erfolgt über eine holzgedeckte Außentreppe direkt zum zweiten Stockwerk, von wo Falltüren in die darunter liegenden Räume führten. Das dritte Stockwerk diente zur Einlagerung des Zehentgetreides, während das vierte und fünfte bewohnbar waren. Zu Beginn des 16. Jahrhunderts entstand das heute noch gut erkennbare Christophorusfresko an der südseitigen Außenwand. Das im Turm gespeicherte Getreide übernahmen die über den Sölkpaß ziehenden Säumer als Rückfracht, wenn sie nach Hall um Salz für den Süden unterwegs waren.

Nordwestlich vom Zehentturm lag ein Amthof als Verwaltungsmittelpunkt der salzburgischen Pflegschaft Baierdorf. Das Bauwerk dürfte zur gleichen Zeit wie der Turm entstanden

Scheifling, Portal aus dem Jahre 1235 (Gasthof Haberzettl)

und mit diesem durch einen unterirdischen Gang verbunden gewesen sein. Im Jahre 1651 erwarb Georg Graf (Familienname) von Schernberg die Herrschaft Baierdorf ohne „Turm und Zehent" und ließ den Amthof zum Schloß „Thurnegg" ausbauen. Die Familie Schernberg geriet durch die hohen Baukosten für die Schlösser Thurnegg und Ranten in wirtschaftliche Schwierigkeiten, und Johann Konrad Graf sah sich gezwungen, Thurnegg im Jahre 1690 wieder an das Erzstift zu verkaufen. 1724 brannte das Schloß ab, und an dem heute hier bestehenden Gasthof sind nur mehr spärliche Mauerreste aus dieser Zeit zu erkennen.

Einen weiteren Zehenthof besaß das salzburgische Erzbistum in Scheifling, heute noch als „Zehenthaus" bekannt. Hier war die Sammelstelle für den Zehent von Scheifling bis Frojach.

Etwas unterhalb der Pfarrkirche Ranten entstand um 1160 der ehemalige Amthof des Klosters Elsenbach. Er gelangte im 16. Jahrhundert nach zwei anderen weltlichen Vorbesitzern ebenfalls in das Eigentum des Georg Graf von Schernberg, der ihn zum Schloß ausbaute. Doch schon 1663 kam es zur Pfändung, und 1692 erwarb das Gut Fürst Ferdinand von Schwarzenberg. Nachdem das Gebäude seit dem Pfändungsjahr dem Verfall preisgegeben war, wurde 1861 der Dachstuhl abgetragen und das Steinmaterial für den Bau der Rantner Schule verwendet. Türen und Parkettböden brachte man in das Schloß Obermurau. Von dem einst mit Säulenhallen verzierten Schloß Ranten sind heute höchstens noch ein paar Mauerreste zu entdecken. An der Stelle des abgetragenen Stadels steht jetzt die Schule.

Als ehemaliger Amthof des Bistums Lavant gilt der Gartelhof zu Tratten östlich von Ranten. Er könnte der Sitz der „Edlen Hartniede von Ranten" (1050 — 1130) und später von „Hermann und Leo von Ranten" gewesen sein. Von etwa 1228 an hatte das Bistum Lavant den Hof Jahrhunderte hindurch inne, bis er im 18. Jahrhundert von der Murauer Hammergewerkenfamilie Grössing erworben und so ausgebaut wurde, wie er heute noch als Bauernhof erhalten ist.

Das Stift Admont, das seit seiner Gründung Zehentansprüche im Katschtal und im Wölzertal hatte, besaß zu Mainhartsdorf bei Oberwölz und in Peterdorf einen Zehenthof. Letzterer dürfte beim Bauernhof vulgo „Zechner" zu suchen sein. Der Amthof zu Mainhartsdorf entstand im 13. Jahrhundert und wird 1375 als „Abthof" urkundlich genannt. Im 15. Jahrhundert wird er als Mittelpunkt des admontischen Amtes „Wölz" bestätigt, und gegen Ende des 17. Jahrhunderts erfolgte der Umbau zum sogenannten „Paterschlößl". Seit 1850 ist der Hof in Privatbesitz.

Im Gebäude Oberwölz Nr. 55 sind Reste des ehemaligen freisingischen Amthofes erhalten, der nach einem Brand im Jahre 1806 nicht mehr aufgebaut worden war.

In St. Peter am Kammersberg stand ein weiterer freisingischer Amthof. Das Gebäude, das sogenannte „Gruber-Haus", wurde 1960 wegen Baufälligkeit abgetragen.

Städte und Märkte

Die Siedlungsformen im oberen Murtal wurden zwangsläufig durch den gebirgigen Charakter der Landschaft bestimmt und reichen je nach den geländemäßigen Voraussetzungen von Einzelhöfen über Weiler, Dörfer und Märkte bis zu kleineren Städten. In der Zeit der Kolonisierung entstanden meist auf Berghängen Höfe, die bisweilen sogar in die Almregion vordrangen. In den vielfach versumpften oder unwegsamen Tälern kam es an geschützten Stellen, vorwiegend auf Schwemmkegeln, zu kleineren Ansiedlungen. In unregelmäßiger Anordnung zu Weilern zusammengedrängte Haufenhöfe nannte man „Dörfl". Ihre Gründung ging in der Regel von einer Grundherrschaft aus, und der Name des Gründers blieb oft im Ortsnamen erhalten. Typisch dafür ist die Verbindung eines Personennamens mit der Endung -dorf, wie das zum Beispiel bei Lutzmannsdorf der Fall ist. Lutz bedeutet hier Ludwig. Weitere Beispiele sind Bodendorf, urkundlich als Babindorf, Dorf des Babo, nachgewiesen, Kaindorf, abgeleitet von Konrad über Chuondorf, und Adendorf, früher Arpindorf, nach einem Aribonen benannt.

Seit dem 13. Jahrhundert entwickelten sich an verkehrsmäßig günstig gelegenen Stellen wie an Flußübergängen oder an Straßenknotenpunkten größere Niederlassungen von Händlern und Kaufleuten. Diese waren als wichtige Handelsplätze mit besonderen Rechten ausgestattet und nahmen am Fernhandel regen Anteil.

Eine Stadt ging in der Regel aus einem Markt hervor und gründete ihre rechtliche Stellung auf die Verleihung des Stadtrechtes. Die Stadtbewohner waren persönlich frei und unterstanden einem vom Landgericht ausgeschiedenen Sondergericht, dem der Stadtrichter vorstand. Das Recht, den Ort mit einer Schutzmauer zu umgeben, stand gewöhnlich nur einer Stadt zu, doch gibt es auch Beispiele für ummauerte Märkte. So war etwa Unzmarkt ein „beschlossener Markt", und auch Neumarkt besaß eine Stadtmauer, obwohl von einer Verleihung des Stadtrechtes nichts bekannt ist. Das Stadtrecht schloß auch eine Reihe von Berechtigungen ein, die auf die Bedürfnisse

ROTTENFELS

Burg Rotenfels, von G. M. Vischer, 1681

Murau, mit gotischer Pfarrkirche und Schloß Obermurau

Neumarkt mit Burg Forchtenstein

Stift St. Lambrecht

Hintereggertor in Oberwölz

und Aufgaben des Handels und Gewerbes am jeweiligen Ort abgestimmt waren. Das Recht zur Einhebung von Mautgebühren und verschiedenen anderen Abgaben bedeutete für den Stadtherren gewichtige finanzielle Vorteile. Da diese Stellung in der Regel der Landesfürst selbst einnahm, wurde von diesem das Städtewesen entsprechend gefördert. Es gab aber auch grundherrliche Städte, und dazu gehörten das liechtensteinische Murau und das freisingische Oberwölz.

Märkte und Städte waren zum Unterschied von den dörflichen Siedlungen meist planmäßig angelegt. Im Mittelpunkt lag der Marktplatz, vielfach eine Erweiterung der Durchzugsstraße, um den sich in regelmäßiger Anordnung die bürgerlichen Hofstätten reihten. Hinter der schmalen Vorderseite der Häuser waren Wirtschaftsgebäude und Ställe zu einem Hof angeordnet. Um die Regelmäßigkeit der Verbauung nicht zu stören, errichtete man die Kirche häufig nicht in der Mitte des Ortes, sondern setzte sie als religiösen Mittelpunkt auf eine Anhöhe. Murau und Neumarkt bieten dafür gute Beispiele.

Die Städte standen meist durch die Stadtmauern in enger wehrtechnischer Verbindung mit einer Burg. Eine Ausnahme zeigt sich bei Oberwölz, wo die Wehranlage der Stadt in sich geschlossen und unabhängig von der Burg Rotenfels angelegt wurde.

Eines der ältesten erhaltenen Stadtbücher ist jenes von Murau, das uns Einblick in die damalige Stadtverwaltung gibt. Demnach wurde alljährlich ein Stadtrichter gewählt, dem 12 Stadträte zur Seite standen. Aufgabe des Stadtrichters war es, für Ruhe und Ordnung zu sorgen, die Einhaltung der Handelsgepflogenheiten zu überwachen und die Rechte der Bürger zu schützen. Außerdem hatte er über Vergehen, die nicht der hohen Gerichtsbarkeit unterstanden, Recht zu sprechen. In den Märkten besorgte diese Aufgaben der Marktrichter.

Von den drei für den Fernhandel bedeutenden Orten unseres Bezirkes ist nur für Murau und Oberwölz die Verleihung der Stadtrechte urkundlich erwiesen. Neumarkt könnte seiner Anlage und verkehrsmäßigen Bedeutung nach im Mittelalter eine Stadt gewesen sein, doch ist diese Vermutung unbewiesen.

Die Stadt Murau

Schon im 12. Jahrhundert dürfte um die Kirche St. Egydi bei Murau eine kleine Siedlung von Händlern bestanden haben, denn einzelne Bauelemente des Gotteshauses verweisen seine Gründung in diese Zeit. Der hl. Ägydius galt bekanntlich als Patron der Kaufleute, so daß die ihm geweihte Stätte auf eine Handelsniederlassung deutet.

Nach der Überlieferung soll die Gegend um Murau im frühen Mittelalter Luba geheißen haben, während einer nicht näher bestimmten Burg die Benennung Lubathein zugeschrieben wird. Es könnte sich hiebei um die Namensgebung slawischer Siedler handeln, doch sind dafür keinerlei sichere Anhaltspunkte vorhanden. Drei karantanische Gräber, die auf dem Egydifeld freigelegt werden konnten, weisen zwar auf eine Besiedlung im frühen Mittelalter hin. Die erste urkundliche Erwähnung von Murau als „Murowe" stammt jedoch erst aus dem Jahre 1250.

Ulrich von Liechtenstein gründete um 1270 einen Markt am Fuße des heutigen Schloßberges. Diese Stelle schien geländemäßig günstiger als um die Kirche St. Egydi und lag außerdem im Schutze der liechtensteinischen Burg, die schon vor 1250 errichtet worden war. Der Name „Altenmarkt" für die ursprüngliche Siedlung ist bezeichnend für die Marktverlegung, mit der die bisher innegehabten Rechte auf die Neugründung „Murau" übertragen wurden.

Eine derartige Umsiedlung geschah nicht immer ohne Gewaltanwendung. Den Leuten wurde aber mit verschiedenen Begünstigungen ein gewisser Anreiz geboten, die alte Wohnstätte mit einer neuen zu vertauschen. Die Ansiedler erhielten zu ihren Hofstätten Holz und Weiderechte in der näheren Umgebung zugewiesen und verfügten dadurch nicht nur über Material für den Hausbau, sondern auch über eine Existenzgrundlage für die Viehzucht.

Die Neugründung hatte ihren Kern um den heutigen Schillerplatz, damals „Freitagmarkt" genannt, und war um 1298 abgeschlossen. Auf halber Höhe des Schloßbergsüdhanges er-

Filialkirche St. Egidi

baute man die eindrucksvolle Pfarrkirche zum hl. Matthäus, die im Jahre 1296 geweiht wurde.

In den folgenden Jahren wurde der Markt muraufwärts erweitert, und es entstand unter äußerster Ausnützung des steilen Südabfalles des Burgberges die „Lange Gasse", die Anna-Neumann-Straße. Diese öffnet sich im Westen zu einem länglichen Platz, dem „Erchtagmarkt", dem jetzigen Raffaltplatz. An diesem sogenannten „Oberen Platz" lagen die Herrschaftshäuser der Liechtensteiner sowie die Wohngebäude von Rittern aus deren Gefolge. Während daher der „Obere Platz" eine Art Rittersiedlung war, galt der „Untere Platz" als Kaufmannssiedlung.

Zwischen 1311 und 1333 erfolgte wieder eine Erweiterung der Stadt, und es entstand am rechten Murufer der „Rindermarkt" oder „Neumarkt". Murau war damit die einzige mittelalterliche Stadt der Steiermark, die sich auf beiden Seiten eines Flusses erstreckte. Zum Schutz des neuen Stadtteiles errichtete man um 1330 die Burg Grünfels. Sie soll einmal durch einen geheimen unterirdischen Gang mit der alten liechtensteinischen Burg verbunden gewesen sein.

Zahlreiche Reste der einstigen Stadtbefestigung sind heute noch erhalten. Die 1366 erstmals genannte Stadtmauer umfaßte die Stadtteile zu beiden Seiten der Mur und bezog auch die beiden Burgen in den Befestigungsring ein. Die Wehrmauer verlief vom Schloßberg über den Marhof zur Mur, erklomm jenseits des Flusses den Leonhardiberg, schirmte dort Burg und Kirche gegen Süden ab und wandte sich dann wieder in nördlicher Richtung talwärts. Das heutige Rathaus am linken Murufer war ursprünglich ein Turm der Ringmauer und diente als Rüstkammer und Wachzimmer. Die Stadtmauer folgte dann dem linken Murufer bis zur Einmündung des Rantenbaches in die Mur. Im nordöstlichen Teil der Stadt verlief die Mauer vom Schloßberg kommend entlang des Abbruches der Stadtterrasse in einem weiten Bogen zur Rantenmündung.

Hier war eines der neun Stadttore, das „Grazertor". Das „Salzburgertor" oder „Kothgassentor" befand sich beim heutigen Gasthof Lercher, das „Gissübeltor" westlich vom Marhof und das „Neutor" bildete den Abschluß des Raffaltplatzes.

Die Stadtsiegel von Murau (1278, 1491)

Über die Mur führten das „Fleischpruckhentor" zum Rindermarkt und ein weiteres Stadttor bei der heutigen Bahnhofs-
brücke. Am rechten Murufer gelangte man durch das „Friesachertor" in östlicher Richtung aus der Stadt, während im
Westen nur ein „Pförtlein" in der Mauer war. Nach Süden
öffnete sich schließlich noch das „Bindertor", westlich der Burg
Grünfels.

Heute sind nur mehr das „Friesachertor" und das „Gissübeltor" erhalten, alle anderen wurden mit Ausnahme des „Bin-
dertores", das schon früh verfallen ist, im 19. Jahrhundert abgetragen. Die Stadtmauer steht noch an vielen Stellen, vor
allem am Leonhardiberg und am Schloßberg. Entlang des
linken Murufers und des nordöstlichen Randes der Stadtterrasse ist sie zum Großteil in die spätere Verbauung einbezogen.

Murau hatte nicht nur als Talsperre muraufwärts gegen
Salzburg strategische Bedeutung, sondern war auch ein wichtiger Verkehrsknotenpunkt. Es trafen hier drei Fernstraßen
zusammen. Eine führte murtalabwärts nach Judenburg, die
zweite durch das Rantental über Seetal in den Lungau oder
über den Sölkpaß ins Ausseerland, und die dritte über Laßnitz und den Priewaldsattel nach Metnitz.

Dank dieser Handelswege konnte das Wirtschaftsleben der
Stadt raschen Aufschwung verzeichnen. Vor allem der Viehhandel dürfte schwungvoll betrieben worden sein, da die
Fleischhacker, meist zugleich auch Viehhändler, und die Le-
derer bereits 1298 Handwerksverbände bildeten. Dies geht aus
jener Urkunde hervor, mit der Otto II. von Liechtenstein im
Jahre 1298 an Murau die gleichen Rechte verlieh, wie sie Judenburg bereits besaß. Der Salzhandel dürfte ebenfalls eine
wichtige Rolle gespielt und einzelnen Familien zu Wohlstand
verholfen haben. Sicher waren auch Fuhrleute und Gastwirte
bereits stärker vertreten.

In der zweiten Hälfte des 15. Jahrhunderts ist ein Rück-
gang des Durchzugshandels nach Italien festzustellen, dem
aber ein Aufblühen des Gewerbes gegenübersteht. Die Loden-
erzeugung entwickelte sich dank der heimischen Schafzucht zu
einem wichtigen Erwerbszweig und lieferte begehrte Export-

artikel. Sogar bis Triest wurde Loden und Filz aus Murau geliefert. 1454 gründeten 10 Webermeister und 3 Hutmacher eine Bruderschaft und setzten es durch, daß sich innerhalb einer Meile um Murau kein anderer Lodenweber oder Tuchscherer niederlassen durfte. Der Beitritt zur Bruderschaft war für jeden Murauer Handwerker dieser Berufsgruppe Pflicht. Strenge Satzungen regelten das Zunftleben.

Weitaus bedeutender für den wirtschaftlichen Aufschwung der Stadt wurde jedoch die mit Ende des 15. Jahrhunderts einsetzende Eisenproduktion. Es entstanden zahlreiche Eisenhämmer, die neue Handelsbeziehungen nach Südtirol und Süddeutschland aufkommen ließen und der Stadt im 16. Jahrhundert eine neue Blüte bescherten. Bereits 1496 erfolgte die Gründung einer Bruderschaft, in der sich 9 Radmeister, 8 Hammerschmiede sowie etliche Strecker, Heizer und Wassergeber zusammenschlossen.

Das Bierbrauen ist in Murau seit dem 14. Jahrhundert nachweisbar, wobei damals das Brauen noch zur Hauswirtschaft gehörte. Um die Mitte des 15. Jahrhunderts gab es bereits 3 handwerksmäßig betriebene Braustätten. Ein zunftmäßiger Zusammenschluß der Bierbrauer erfolgte jedoch erst im 18. Jahrhundert.

Die Stadt Oberwölz

Oberwölz liegt als kleinste Stadt der Steiermark malerisch eingebettet zwischen den Südausläufern der Niederen Tauern und konnte sein mittelalterliches Stadtbild bis heute gut bewahren. Die Lage an dem einst wichtigen Verkehrsweg über das Glattjoch in das Ennstal war für seine Entstehung ausschlaggebend.

Die Stadt war Mittelpunkt des dem Bischof von Freising im Jahre 1007 geschenkten Kammergutes und blieb bis 1805 im Besitz des Bistums. Die Beständigkeit der Besitzverhältnisse sicherte Oberwölz eine ruhigere Entwicklung, als sie andere Herrschaftsgüter erlebten. 1298 wird Oberwölz noch als Hofmark, als ein von der Grundherrschaft abhängiger Gerichtsbezirk, genannt, doch 1305 taucht bereits die Bezeichnung „civitas", also Stadt, auf. Die Stadterhebung dürfte nur kurze Zeit zuvor, möglicherweise anläßlich eines Besuches durch Herzog Rudolf von Habsburg im oberen Murtal im Jahre 1304, erfolgt sein und auf die Bemühungen des Bischofs von Freising zurückgehen.

Die heute noch gut erhaltene Stadtmauer wurde um 1317 erbaut. Von fünf Stadttoren sind noch drei erhalten, nämlich das „Hintereggertor" im Westen, das „Schöttltor" im Norden und das „Neugassentor" im Osten. Der ältere Teil der Stadt liegt westlich vom Mühlbach. Hier erweitert sich die Landstraße zum Marktplatz, wo sich die Pfarrkirche und die Spitalskirche erheben und etliche Bürgerhäuser befinden. Die östliche Hälfte der Stadt mit dem um 1305 erbauten freisingischen Amthof wurde später errichtet und war von der ärmeren Bevölkerung bewohnt.

In dem kleinen Städtchen zeigte sich schon früh rege Gewerbetätigkeit, die im 14. und 15. Jahrhundert ihre höchste Blüte erreichte. Ledererzeuger, Fleischer und Müller waren am stärksten vertreten. Bereits im Jahre 1316 gab es in Oberwölz 14 Lederstuben. Dazu kamen 12 Fleischbänke und 5 Mühlen, von denen zwei in der Vorstadt lagen. Die Schafzucht in der Umgebung sicherte das Rohmaterial für die Erzeugung des Oberwölzer Lodens, der besonderes Ansehen genoß. Fünf

Ansicht von Oberwölz mit Burg Rotenfels

Weber sorgten für die Verarbeitung der Wolle zu diesem wichtigen Ausfuhrartikel. Die Handwerker schlossen sich schon frühzeitig zu Bruderschaften zusammen.

Ein Silbervorkommen im nahen Schöttlgraben ließ einige Silberschmelzöfen entstehen, die in der sogenannten „Schmalzgasse" (Schmelzgasse) zu finden waren.

Die Herzöge Albrecht und Rudolf stellten Oberwölz im Jahre 1397 ein Privileg aus, das die Stadt berechtigte, Vieh und Waren nach Tirol zu liefern. Es bestanden aber auch rege Handelsbeziehungen nach Italien und Deutschland. So manche Bürger konnten durch sie zu Reichtum und Ansehen gelangen wie zum Beispiel die Familie Chnoll im 14. Jahrhundert. Ulrich Chnoll, wegen seiner Wohlhabenheit auch „Silberchnoll" genannt, besaß nicht nur Mühlen, Wirtshäuser und Badstuben, sondern war zugleich auch Pächter des Amtzehents und der Burggrafenhube.

Das bekannte Geschlecht der Welzer, aus dem viele in Staat und Kirche bedeutende Männer hervorgingen, war aus Oberwölz, wo es im 11. Jahrhundert seinen Anfang nahm. Burggrafen auf Rotenfels und selbst Landeshauptleute stammten aus dieser Familie.

Zu Beginn der Neuzeit erlitt auch in Oberwölz das Kleingewerbe einen starken Rückschlag. Eisenhämmer traten an seine Stelle und gaben dem Wirtschaftsleben des Städtchens eine neue Ausrichtung.

FORCHTENSTEIN

Neümarckt in OberSteyer

Burg Forchtenstein bei Neumarkt, von G. M. Vischer, 1681

Neumarkt und die übrigen Märkte

Die Unterscheidung zwischen Stadt und Markt geschah im Mittelalter nicht immer streng nach bestimmten Gesichtspunkten. Verschiedene Umstände sprechen für die Annahme, daß Neumarkt zumindest vorübergehend als Stadt gegolten haben könnte, wenngleich die Verleihung von Stadtrechten nicht nachgewiesen werden kann. Das Bestehen einer Stadtmauer könnte seine Erklärung in der ungeschützten Lage des Ortes finden.

Die Gründung des Marktes erfolgte um 1220 durch Leopold VI. Im Jahre 1235 wird Neumarkt in einer von Kaiser Friedrich II. hier ausgestellten Urkunde als „novum forum" bezeichnet.

Der langgezogene Straßenmarkt entstand entlang der Durchzugsstraße, an der die Häuser zu beiden Seiten zurücktreten und einen länglichen Platz umschließen. Dieser wurde an den beiden Schmalseiten von befestigten Toranlagen abgeschlossen, die an vorspringende Eckhäuser angebaut waren. Parallel zur Durchzugsstraße lagen hinter der Häuserfront über kleine Quergäßchen erreichbare Wirtschaftsgassen. Den östlichen Ortsbereich durchfloß ein künstliches Gerinne, der sogenannte Feuerbach, an dem sich verschiedene gewerbliche Niederlassungen drängten. Westlich der Hauptstraße erbaute man auf dem zur Burg hin ansteigenden Gelände die Pfarrkirche zur heiligen Katharina. Im umliegenden Friedhof erhebt sich ein achteckiger spätgotischer Karner.

Die Burg Forchtenstein nimmt eine Ecke der im strengen Rechteck angelegten Stadtummauerung ein, während an den drei übrigen Eckpunkten noch heute gut erkennbare, runde Türme Wach- und Wehraufgaben erfüllten.

Neumarkt besaß außer dem Marktrecht auch das Niederlagsrecht für Salz sowie Eisen aus Hüttenberg. Dem Landesfürsten brachte der rege Durchzugsverkehr reiche Mauteinnahmen.

Durch seine Lage an der Fernverkehrsstraße und in der offenen Paßlandschaft war Neumarkt häufig von Feinden bedroht. Besonders hart wurde es von den Türken- und Un-

Ansicht von St. Peter am Kammersberg

garneinfällen gegen Ende des 15. Jahrhunderts betroffen. Diese ließen den Markt derart verarmen, daß der Landesfürst den Neumarktern gestattete, die Maut mit Ausnahme jener auf den wälschen Wein für sich selbst einzuheben.

Die übrigen zwei mit Marktrechten ausgestatteten Orte des Bezirkes Murau waren im Mittelalter ausschließlich für den Warenaustausch mit der näheren Umgebung von Bedeutung.

St. Peter am Kammersberg entstand auf dem Königsgut, das dem Bistum Freising im Jahre 1007 von Heinrich II. geschenkt worden war. Ungefähr zur gleichen Zeit, als Oberwölz das Stadtrecht verliehen bekam, wurde die freisingische Hofmark St. Peter zum Markt erhoben. Dieser war eine wichtige Rast- und Umladestation für die Säumer, die Salz aus dem Ausseerland über den Sölkpaß ins Murtal brachten und hier von den Saumpferden auf Wägen umluden. Auf dem Rückweg nahmen sie hauptsächlich Getreide und Wein mit. In St. Peter herrschte daher ständig reges Treiben.

Das Wappen des Marktes zeigt zwischen zwei gekreuzten Kirchenschlüsseln einen gekrönten Mohrenkopf, der dem freisingischen Wahrzeichen entnommen ist. Bis 1805 blieb Sankt Peter im Besitz des Bistums.

St. Lambrecht, das schon im 12. und 13. Jahrhundert als „forum", also Markt, erwähnt wird, bekam erst 1458 das Marktrecht verliehen. Auch hier erweitert sich die Hauptstraße zu einem Marktplatz, der auf der einen Seite vom Stift, auf der anderen Seite von einer kleinen Kapelle abgeschlossen wird. St. Lambrecht stand stets unter dem beherrschenden Einfluß seiner geistlichen Grundherrschaft und erlangte weder für den Verkehr noch für das Wirtschaftsleben im oberen Murtal besondere Wichtigkeit.

Ursprünglich war es ein Vorrecht der Städte und Märkte, Handel zu treiben, doch erhielten gegen Ende des Mittelalters auch manche Dörfer Marktfreiheit zugestanden. Damit hatten sie das Recht, an bestimmten Tagen des Jahres Märkte abzuhalten, ohne jedoch das volle Marktrecht zu genießen. Ein solches Privilegium erteilte Kaiser Friedrich III. der Ortschaft Niederwölz. König Ferdinand bestätigte es im Jahre 1536, da die erste Urkunde verloren gegangen war. Dieser Markttag wird

Niederwölz „Maxlon", Wegauskehrer vor der „Freyung"

zum Fest des Niederwölzer Kirchenpatrons Maximilian abgehalten und entwickelte sich als sogenannter „Maxlonmarkt" zu einem der größten Jahrmärkte des oberen Murtales. Heute noch wird zu seiner Eröffnung der Text des alten Privilegiums verlesen, bevor die „Marktfreiung", ein ausgestreckter Arm mit blankem Schwert auf einer langen Stange, unter Musikbegleitung durch das Dorf getragen und an einer bestimmten Stelle aufgestellt wird. Drei Tage lang verkündet es dann weithin sichtbar, daß für diese Zeit aller Handel freigegeben ist. Während in früheren Tagen vor allem der Viehhandel das Treiben bestimmte, steht heutzutage der Charakter des Volksfestes verbunden mit einer Leistungsschau der heimischen Wirtschaft im Vordergrund.

Der jüngste Markt des Bezirkes ist Scheifling, das 978 zum ersten Mal genannt wird und anläßlich seiner 1000-Jahr-Feier in diesen Rang erhoben wurde.

Gerichtsbarkeit

Im Mittelalter war die Rechtssprechung an das Grafenamt gebunden. Die Grafschaften sind daher als ursprüngliche Gerichtssprengel anzusehen. Diese wurden im 12. und 13. Jahrhundert in kleinere Einheiten mit voller Gerichtsbarkeit, sogenannte Landgerichte, unterteilt, die der Landesfürst an verdiente Adelige verlieh.

Innerhalb der Landgerichte bestanden weitere selbständige Rechtsbezirke, die hinsichtlich der „Niederen Gerichtsbarkeit" der Zuständigkeit des Landrichters entzogen waren. Dazu zählten die meisten Burgen sowie die Städte und Märkte, deren Burgfriedsgerechtigkeit in der Regel nicht über die Ummauerung hinausreichte. Außerdem übten die Grundherrschaften über ihre Untertanen die „Niedere Gerichtsbarkeit" aus, da sie über leichtere Vergehen Recht sprechen durften.

Bei Vorliegen schwerer Verbrechen, auf die womöglich die Todesstrafe stand, mußte die „Malefizperson" mit einem Gürtel umfangen an einer bestimmten Stelle, in Oberwölz zum Beispiel bei der Brücke nahe dem „Neugassentor", dem Landrichter übergeben werden. Die Strafen waren in den verschiedenen Gerichtsbezirken für die einzelnen Straftaten uneinheitlich festgelegt, denn allgemein gültige Rechtsvorschriften bestanden nicht. Die Rechtssprechung erfolgte durch Beisitzer und Berater nach dem überlieferten Gewohnheitsrecht. Diese „wiesen das Recht" und „fanden das Urteil", das vom Landrichter verkündet wurde. Die Strafbemessung war hart und kannte keine längeren Kerkerstrafen. Größere Diebstähle wurden schon mit dem Tode bestraft, während bei leichteren Eigentumsdelikten dem ertappten Täter das Ohr abgeschnitten werden konnte. Jedes Landgericht hatte zur Ausübung seiner Hochgerichtsbarkeit eine Richtstätte mit „Stock und Galgen".

Der größte Teil des Bezirkes Murau gehörte ursprünglich zur Grafschaft Friesach, aus der auch das Landgericht Murau hervorging. Dieser Landgerichtsbezirk an der Mur war dem Minnesänger Ulrich von Liechtenstein im Jahre 1250 vom Kärntner Herzog verliehen worden. Die Grenzen des „Gerichts an der Mur" deckten sich annähernd mit jenen des heutigen Gerichtsbezirkes Murau, doch war auch das Katschtal zur Gänze miteingeschlossen.

Das Landgericht Murau umfaßte zwei Schrannenbezirke, die den beiden Hauptpfarren St. Georgen und Ranten einschließlich St. Peter entsprachen. Die Lehensherrlichkeit über dieses Landgericht übten die Grafen von Görz aus, wofür jedoch erst von 1414 an der Nachweis möglich ist. Im Jahre 1460 mußten sie jedoch das Lehensrecht an Kaiser Friedrich III. abgeben. Die letzte Belehnung durch einen Kärntner Pfalzgrafen erfolgte demnach 1458. Das Landgericht an der Mur wurde damals zwar vom Herzogtum Kärnten abgetrennt, doch blieb der zwischen Predlitz und der Einmündung des Laßnitzbaches südlich der Mur gelegene Teil vermutlich noch bis 1521 bei Kärnten. Nach den Liechtensteinern waren die Herren von Schwarzenberg als Inhaber der Herrschaft Murau bis 1848 Träger der Landgerichtsbarkeit, wobei Schloß Obermurau als Verwaltungssitz diente.

Als Landrichter ist namentlich ein gewisser „Engelein" aus dem Jahre 1354 bekannt, der seinen Sitz bei St. Georgen hatte. Möglicherweise handelt es sich bei diesem Mann um jenen Pfleger zu Baierdorf, der schon 1340 als „Engelein der Murr" genannt wird.

Für den Schrannenbezirk „Gericht zu Ranten" scheinen eigene Landrichter auf. Zwischen 1412 und 1415 ist der „Liechtensteinische Landrichter Asem (Erasmus) in der Ranten" nachgewiesen, dem der stubenbergische Landrichter auf Rotenfels Ersatz für geraubtes Gut leisten mußte.

Das gemeinsame Hochgericht der beiden Schrannenbezirke befand sich unweit von Murau am rechten Ufer des Rantenbaches und ist heute noch an den Säulenresten als Galgen erkennbar. Die Richtstätte dürfte aus dem 15. Jahrhundert stammen und besteht aus drei quadratischen Pfeilern, die durch eine kreisförmige Mauer verbunden sind. Die letzte Hinrichtung fand hier im Jahre 1771 statt.

Einer nachträglichen Anmerkung im Totenbuch von Sankt Peter am Kammersberg ist zu entnehmen, daß hier am 20. August 1771 Georg Prieller vlg. Gartelbauer am Niklberg „durch die Henkersrotte von Murau mit Durchstoßung des Halses, der Füße, der Arme und Brust" hingerichtet wurde. Er war für schuldig befunden worden, seine Frau Katharina erschlagen zu haben.

Die Instandhaltung des Weges zur Richtstätte sowie die Vorbereitungsarbeiten beim Galgen hatten die Inhaber der sogenannten „Galgengründe" unterhalb der „Gassenhube" am Ortsausgang von Murau zu besorgen. Es waren dies bei St. Georgen ob Murau ansässige „Edlinger". Diese hatten bei Hinrichtungen mit dem Strang für eine Leiter zu sorgen, beim Köpfen die Blutschüssel bereitzustellen, beim Rädern das Rad mit dem Pfahl zu beschaffen und bei Verbrennung des Leichnams das Holz für den Scheiterhaufen beizustellen.

Als Burgfriede innerhalb des Landgerichtsbezirkes Murau sind uns Stadt und Schloß Murau, Pux und Schallaun, die Herrschaft Katsch, Schloß Saurau, St. Peter und Einach bekannt.

Der Landgerichtsbezirk St. Lambrecht dürfte schon nach dem Tode Heinrichs III. von Eppenstein aus dem „iudicium in Grazlup" herausgelöst worden sein. Die Vogtei über das Kloster samt Hintersassen fiel damals dem steirischen Landesfürsten zu, während der übrige Teil des Landgerichtes um

Galgen des Landgerichtes zu Adendorf

Neumarkt bis zur Mitte des 13. Jahrhunderts unter der Gerichtshoheit des Herzogs von Kärnten verblieb.

Der erste für das Landgericht St. Lambrecht nachweisbare Richter wird in einer Urkunde aus dem Jahre 1251 mit dem Namen Heinrich genannt. Während über die nachfolgenden Richter die Totenbücher von St. Lambrecht Aufschluß geben, scheinen Vögte nach 1277 nicht mehr auf.

Das „Landgericht zu Adendorf", wie der Lambrechter Gerichtsbezirk auch genannt wurde, verfügte zu Adendorf über eine eigene Schranne, wo über schwere Verbrechen geurteilt wurde. Wie Quellen aus dem 16. Jahrhundert zu entnehmen ist, führte der Landrichter zu St. Lambrecht in Gegenwart von Beisitzern das Verhör, die „herrn rechtsprecher und beysitzer" sprachen das Urteil und der Bannrichter von Steiermark, der oberste Gerichtsbeamte im Lande, unterfertigte es. In Adendorf wurden Hinrichtungen durch das Schwert, das Rad und das Feuer vollzogen. Der Galgen stand hingegen auf dem sogenannten Brandofen, in der Nähe des Furtnerteiches, und ist heute noch an drei gemauerten Pfeilern erkennbar.

Ältester Burgfried innerhalb des Landgerichtes St. Lambrecht war Mariahof mit Kirche und Amt. Weitere Immunitäten waren Schloß Stein, der Turm zu Graslupp, das Amt der landesfürstlichen Herrschaft in der Pöllau, das Dorf Steirisch Laßnitz und der Markt St. Lambrecht. Nur das Lambrechter Eigengericht in der Pöllau mußte bis 1523 die Schwerverbrecher nach Dürnstein ausliefern.

Die Gerichtshoheit über das „iudicium in Grazlup" hatte, wie bereits erwähnt, bis um die Mitte des 13. Jahrhunderts der Herzog von Kärnten inne. Da sich Herzog Bernhard von Spanheim im Streit zwischen Kaiser und Papst auf die Seite des kirchlichen Oberhauptes stellte, dürfte er damals die Gerichtsbarkeit in der Gegend um Neumarkt verloren haben. Das Landgericht um Neumarkt war als steirisches Lehen sodann bis 1419 im Besitz der Grafen von Ortenburg und kam dann als Erbe an die Grafen von Cilli. Hermann von Cilli verpfändete es schon 1429 zusammen mit den Landgerichten um Friesach an Abt Heinrich von St. Lambrecht. Als das Stift später durch die Quart wirtschaftlich geschwächt wurde, löste

Balthasar von Thonhausen 1537 dem Abt die Landgerichte um Neumarkt und Friesach ab.

Das alte Landgericht um Neumarkt bildete den steirischen Teil des späteren Landgerichtes Dürnstein, das sich auf Kärntner Gebiet erstreckte und letztlich von St. Salvator aus verwaltet wurde. Die „Malefizverbrecher" mußten aus dem ursprünglich als Burgfried genannten Gerichtsbezirk Dürnstein in das Landgericht „Gegend um Neumarkt" ausgeliefert werden. Seit 1422 hatte Dürnstein selbst den Blutbann inne. Das Hochgericht stand im 16. Jahrhundert bei Einöd. Balthasar von Thonhausen erwarb schließlich auch dieses Landgericht.

Auch Neumarkt besaß innerhalb seines Burgfrieds die „Hohe Gerichtsbarkeit". Denn am 28. Dezember 1444 verlieh Kaiser Friedrich III. dem Markt auf eine entsprechende Bitte hin das Halsgericht. Die Gerichtsstätte befand sich oberhalb des Gehöftes Strimitzer am Schinderberg.

Das Bistum Freising übte im Mittelalter über seine Güter und Untertanen um Wölz nur die „Niedere Gerichtsbarkeit" aus, denn das Gebiet gehörte zum Landgericht Frauenburg. Dieses war ursprünglich als landesfürstliches Lehen im Besitz der Liechtensteiner und kam später an die Stubenberger. Im Jahre 1412 wird „Hans der Saurer" zu Niederwölz als zuständiger Landrichter für das Frauenburger Gericht links der Mur genannt, jenes Gebiet, das 1656 als Landgericht Rotenfels vom Bistum Freising erworben wurde. Eine Hinrichtungsstätte befand sich am „Galgenbichl" in Reiming südlich der Stadt.

Scheifling, Bildstock

Türken und Ungarn

Im Jahre 1469 erhob sich der Krainer Ritter Andreas Baumkircher gegen Kaiser Friedrich III. Er hatte bis dahin auf der Seite des Kaisers gestanden, doch dürfte er sich für seine Dienste nicht genügend entlohnt gefühlt haben und wollte sich mit Gewalt schadlos halten. Unter dieser Fehde hatten das Mürztal und die Gegend um Graz am stärksten zu leiden. Aber auch das Katschtal wurde von den Kämpfen betroffen, denn Baumkircher hatte im Jahre 1465 Burg und Herrschaft Katsch von Leutold von Stubenberg erworben und konnte nicht verhindern, daß kaiserliche Truppen die Burg nach heftigem Beschuß mit der „großen Büchse von St. Veit" besetzten. Verschiedene Wehranlagen im Katschtal dürften damals zerstört worden sein wie zum Beispiel der Turm am Kammersberg. Nach der Hinrichtung Baumkirchers im Jahre 1471 in Graz zog der Kaiser dessen Besitz ein, und die Herrschaft Katsch wurde vorübergehend der Verwaltung des Stiftes St. Lambrecht unterstellt.

Bald nach dieser Fehde erschütterten wieder Kriegsereignisse unser Land. Im Jahre 1479 kam es zwischen dem Ungarnkönig Matthias Corvinus und Kaiser Friedrich III. zum offenen Kampf. Den Anlaß dazu bot die Besetzung des Bischofsstuhles in Salzburg. Der Kaiser wollte dem aus Ungarn geflüchteten früheren Erzbischof von Gran das Salzburger Erzbistum zuwenden, obwohl sich Erzbischof Bernhard von Rohr weigerte, abzudanken. Der Kirchenfürst aus Salzburg stellte sich unter den Schutz des Ungarnkönigs und ließ diesem alle salzburgischen Städte und Burgen in der Steiermark und in Kärnten öffnen. Daraufhin fielen die Ungarn ins Land ein und konnten rasch nach Westen vordringen. Auch das obere Murtal wurde von den Kämpfen schwer mitgenommen. Im Jahre 1480 erreichte der ungarische Feldhauptmann Hans Haugwitz mit 1500 Mann die Obersteiermark und belagerte Neumarkt.

Not und Bedrängnis sollten aber noch größer werden. Schon seit geraumer Zeit hatten die Türken immer wieder Einfälle in die Untersteiermark unternommen und mit unvorstellbarer Grausamkeit gewütet. Nun benützten sie die durch den Ein-

Burg Katsch, Lithographie von K. Reichert, 1850

marsch der Ungarn entstandenen Wirren und drangen ihrerseits Anfang August von Kärnten her über den Neumarkter Sattel gegen das obere Murtal vor.

Beim Herannahen der wilden türkischen Horden bekamen es die ungarischen Belagerer von Neumarkt mit der Angst zu tun und baten um Einlaß in den gut befestigten Markt. Die Neumarkter nahmen ihre Feinde auf, in der Hoffnung, sich mit deren Hilfe besser gegen die Türken verteidigen zu können. Diese ließen aber Neumarkt verschont und wüteten in der Umgebung umso ärger. In der Pfarrchronik von St. Marein steht über jene Schreckenstage zu lesen: „Nachdem sie (die Türken) die Wohnungen verbrannt hatten, schleppten sie die Christen in die Kirche, legten sie auf die Altäre und schlachteten sie nach der Art der Metzger; nachdem die Metzelei vorüber war und nach Plünderung der Kirche wurde sie angezündet und vollständig niedergebrannt". Sodann zogen die türkischen Scharen weiter, verwüsteten Scheifling und schlugen bei Judenburg ihr Lager auf, von wo aus sie die Gegend brandschatzten.

Dieser Türkeneinfall in die Steiermark dauerte zwar nur acht Tage, hinterließ jedoch verheerende Folgen. Viele Menschen waren ermordet oder verschleppt worden, andere hatten Hab und Gut verloren, zahlreiche Kirchen waren geplündert, und Pest und Hunger folgten ins Land. Das Jahr 1480 ist als Schreckensjahr in die Geschichte der Steiermark eingegangen.

Nachdem die Türken abgezogen waren, richteten die Ungarn in Neumarkt eine Besatzung ein und begannen die Gegend unsicher zu machen. Haugwitz zog mit seinen Scharen weiter nach St. Peter am Kammersberg und Baierdorf und fiel dann über die liechtensteinischen Besitzungen um Murau her, denn Niklas von Liechtenstein war Anhänger des Kaisers. Während sich die Ungarn anschließend nach Kärnten wandten, trafen in Murau kaiserliche Hilfstruppen unter Hauptmann Wolframsdorfer ein. Diese drangen in den bischöflichen Lungau vor, brannten am 11. November 1480 Tamsweg nieder und plünderten Mauterndorf. Als Haugwitz davon Nachricht erhielt, eilte er mit seinen Leuten von Friesach über die Turracher Höhe und die Stangalm in den Lungau, wo er bei Mariapfarr mit den kaiserlichen Truppen zusammenstieß. Die Ungarn mußten eine Niederlage hinnehmen, und Haugwitz wurde gefangen genommen und nach Murau gebracht. König Matthias Corvinus ernannte bald darauf den als unbarmherzig geltenden Panisko zum neuen Hauptmann der Streitmacht in der Obersteiermark.

Im Jahre 1481 erfolgte der Gegenangriff der Salzburger. Die Streitmacht des Erzbischofs brach über Seebach in die Krakau und das Rantental ein, wurde jedoch von Hofleuten und Söldnern aus Murau unter der tatkräftigen Unterstützung von Bauern vollkommen aufgerieben.

Niklas von Liechtenstein, dem der Kaiser nicht die gewünschte Unterstützung gewährte, schloß mit den Ungarn einen Sondervertrag, um seine Besitzungen zu schonen. Demnach verpflichtete er sich, in der Auseinandersetzung zwischen dem Erzbischof und dem Kaiser strikt neutral zu bleiben. Durch den für Friedrich III. ungünstigen Verlauf der Kämpfe sah sich der Liechtensteiner jedoch gezwungen, auf die Seite der Ungarn zu treten, und lieferte ihnen die Stadt Murau und die Feste Stein aus. Er wurde dafür vom Kaiser geächtet und aller seiner Besitzungen verlustig erklärt.

Im November des Jahres 1481 kam es endlich zum Friedensschluß zwischen Kaiser und Erzbischof, doch kehrte damit noch immer nicht die ersehnte Ruhe ins Land ein. Die Ungarn gaben nämlich die ihnen vom Erzbischof eingeräumten Stellungen nicht auf und führten den Kampf gegen den Kaiser weiter.

Im Jahre 1482 gelang es den kaiserlichen Truppen unter der Führung des Ritters Balthasar Tannhauser sich in Mariahof festzusetzen. Die Kirche wurde zu einem „Tabor", einer Wehrkirche, ausgebaut, um die von Neumarkt aus operierenden Ungarn von einem sicheren Stützpunkt her zu behindern. Am 25. Juli 1482 kehrte Hauptmann Panisko mit neuen Truppen aus Ungarn zurück und begann unverzüglich mit der Belagerung von Mariahof. Doch ein steirisches Aufgebot kam den Eingeschlossenen zu Hilfe und schlug die Angreifer in die Flucht. Nur unter Zurücklassung ihrer gesamten Kriegsausrüstung konnten sich die Ungarn nach Neumarkt retten.

Nachdem die kaiserlichen Streiter etwas voreilig wieder abgezogen waren und nur kriegsunerfahrene Bauern als Besatzung des Tabors zurückgeblieben waren, griffen die Ungarn erneut an. Bei Nacht eroberten sie Mariahof und brannten die Wehranlage vollständig aus. Der Abt von St. Lambrecht mußte überdies für die ihm unterstellte Pfarre Mariahof Ersatz für das gesamte Kriegsmaterial leisten, das die Ungarn bei ihrer Flucht nach dem ersten Ansturm zurückgelassen hatten.

Neumarkt hatte die ungarische Besetzung sechs Jahre hindurch zu erdulden. Schließlich erschien am 4. Mai 1486 Hauptmann Wolframsdorfer mit seinen kaiserlichen Truppen, um die Ungarn zu vertreiben. Es gelang ihm, die Befestigungsmauern nachts zu übersteigen und den Markt mit der Kirche zu besetzen. Die Ungarn zogen sich unter ihrem Hauptmann Seydlitz auf die Burg zurück, wo sie sich über einen Monat lang erfolgreich verteidigten. Die Kaiserlichen holten schließlich aus Kärnten Geschütze herbei und konnten nun den von den Feinden beim Schloß errichteten Tabor bezwingen. Daraufhin ergaben sich die Ungarn am 3. Juli.

Nach dem Tode des Ungarnkönigs im Jahre 1490 brach die ungarische Besetzung unseres Gebietes rasch zusammen. Noch im September desselben Jahres räumten die Besatzungstruppen den Lungau, Murau und die Burg Stein und zogen nach Friesach, wo sie sich sammelten, ab. Erst als sie vom Kaiser freies Geleit zugesichert erhalten hatten, verließen sie im November endgültig das Land. Die kaiserlichen Streitkräfte rückten nach, um die abziehenden Feinde in Schranken zu halten, standen aber den Ungarn an Plünderungen bei der verarmten Bevölkerung um nichts nach.

Niklas von Liechtenstein verlor mit dem Ende der Ungarnherrschaft alle seine Güter und mußte aus Murau fliehen. An der Etsch wurde er gefangen genommen und auf der Burg Tirol eingekerkert. Murau kam in die Hand des Landesfürsten und erhielt vom Kaiser ein neues Stadtsiegel ohne den liechtensteinischen Wappenschild verliehen. Niklas von Liechtenstein bekam zwar wenige Jahre später die Stadt und seinen Besitz von Kaiser Maximilian zurück, doch gelang es ihm nicht mehr, die frühere wirtschaftliche und politische Machtstellung seiner Herrschaft wieder aufzurichten. Seine Güter waren bereits zum Großteil in fremde Hände übergegangen, und nur mehr wenige konnten unter größten Opfern zurückgewonnen werden.

Die Türken hatten inzwischen einen Großteil Ungarns unter ihre Gewalt gebracht und bedrohten immer wieder unser Land und selbst Wien. Die Obersteiermark blieb zwar von weiteren Einfällen verschont, hatte sich aber durch den Ausbau eines besonderen Warnsystems für das Schlimmste gerüstet.

Auf etlichen Burgen, die miteinander in guter Sichtverbindung standen, wurden Kreidfeuerstationen eingerichtet, um mit Feuer- und Rauchzeichen eine hereinbrechende Gefahr rechtzeitig weitermelden zu können.

Im Jahre 1532 wurden kaiserliche Truppen aus dem von den Türken bedrohten Wien nach Italien verlegt. Auf ihrem Marsch durch die Obersteiermark und über den Neumarkter Sattel bezogen sie in Unzmarkt Quartier und plünderten hier unter der Bevölkerung, wie es die Türken nicht ärger getrieben hätten. Auch Scheifling und Niederwölz suchten sie heim, wobei die alte Marktrechtsurkunde der Niederwölzer verloren ging.

Die Herren von Liechtenstein

Die Herren von Liechtenstein zählten im Mittelalter zu den bedeutendsten Familien unseres Landes. Jahrhunderte hindurch spielte die Murauer Linie dieses Geschlechts in unserem Bezirk eine entscheidende Rolle, und vor allem die Stadt Murau verdankt ihr großzügige Förderung.

Als Dienstmannen des Herzogs von Steiermark hatten die Liechtensteiner ihren Stammsitz auf der gleichnamigen Burg bei Judenburg, wo sie seit etwa 1140 urkundlich nachweisbar sind. Doch bereits mit Ende des 12. Jahrhunderts ist liechtensteinischer Besitz auch in der Gegend von Laßnitz bei Murau festzustellen. Durch Belehnungen mit freisingischen und salzburgischen Gütern konnten die Liechtensteiner in der Umgebung von Murau Besitz erlangen und diesen im Laufe der Zeit zu einer umfangreichen Herrschaft ausbauen.

Ulrich von Liechtenstein wurde 1250 das Landgericht an der Mur verliehen. Mit der sogenannten Moosheimer Urkunde übertrug ihm Herzog Ulrich III. von Kärnten 1256 auch die Hoheitsrechte auf den Bergbau in diesem Landgerichtsbezirk. Damit waren die Grundsteine für den späteren Ausbau der Herrschaft Murau gelegt.

Ulrich von Liechtenstein, die überragende Gestalt in der höfischen Dichtung der Steiermark, lebte von etwa 1200 bis 1276. Mehrmals erlangte er die höchsten Würden des Landes und erwarb sich den Ruhm des größten Minnesängers der Steiermark. In seinem autobiographischen Versroman „Frauendienst" schildert er seine abenteuerlichen Fahrten, auf denen er in verschiedenen Verkleidungen an gefährlichen Turnieren teilnahm. Im Jahre 1224 besuchte er das große Turnier in Friesach als König Mai und 1227 zog er als Frau Venus von Venedig bis zur Thaya und forderte unterwegs alle Ritter zum Speerbrechen heraus. Bei einer zweiten Ausfahrt trat er als König Artus auf und wurde von zwei Raubrittern gefangen genommen.

Sein Lieblingssitz war die „Frauenburg" bei Unzmarkt, wo heute noch der älteste Grabstein mit deutscher Inschrift zu

*Kassettendecke in der Pfarrkirche St. Oswald in Krakaudorf,
gestiftet 1534 von Georg von Liechtenstein*

sehen ist. Das Grabmal dürfte jedoch nicht ihm, sondern seinem gleichnamigen Enkel errichtet worden sein.

Nach dem Tode Ulrichs, des Gründers der neuen Marktsiedlung unter dem Burgberg von Murau, übernahm die Besitzungen sein Sohn Otto II., der Murau die gleichen Rechte übertrug, die Judenburg damals bereits besaß. Ihm wird auch die Einführung jenes Wappens zugeschrieben, das bis 1490 Gültigkeit hatte. Murau verdankt ihm auch den weiteren Ausbau des Marktes, der unter seinem Sohn Otto III. mit der Gründung des Rindermarktes fortgesetzt und abgeschlossen wurde.

Die Nachfolge trat Rudolf Otto, genannt „Rudott", an, der zu der bereits vom Großvater ererbten Würde eines „Kämmerers von Steyr" den erblichen Titel eines „Marschalls von Kärnten" verliehen erhielt. Mit der Verleihung dieser Ämter kommt die Doppelstellung der Liechtensteiner zwischen Steiermark und Kärnten zum Ausdruck.

Nach dem Tode Rudolf Ottos wurde der Besitz unter dessen Söhnen Ulrich, Otto und Friedrich aufgeteilt. Als Ulrich starb, ging sein Anteil auf das verbleibende Brüderpaar über. Doch der jüngere von den beiden, Friedrich, geriet bald in derart hohe Schulden, daß er seine Hälfte an Wulfing von Stubenberg verpfänden mußte. Schließlich konnte sein Bruder Otto als Erbe der Schuldenlast nur durch Verkauf zahlreicher Besitzungen in Kärnten und Österreich die Gläubiger befriedigen.

Den stark geschmälerten Besitz erhielt 1419 Ulrich-Otto, der jedoch bereits 1427 starb und den kaum achtjährigen Sohn Niklas als letzten männlichen Sproß seines Stammes hinterließ. Die Vormundschaft über den Knaben übernahm Herzog Friedrich V., der spätere Kaiser Friedrich III.

Kaum großjährig geworden, heiratete Niklas von Liechtenstein Anna von Stubenberg, die ihm außer einer ansehnlichen Mitgift auch das Erbe von ihrer Mutter mit in die Ehe brachte. Nun gelang es, bereits verloren gegangene Güter zurückzuerwerben und auch neue hinzuzukaufen. Diese Aufwärtsentwicklung fand im Wirtschaftsleben der Stadt ihren Niederschlag, denn Handwerk, Gewerbe und vor allem das Hammer-

Christoph von Liechtenstein

wesen erlebten dank der Förderung durch den Grundherrn einen raschen Aufschwung.

Die erfolgreiche wirtschaftliche Entwicklung der Herrschaft Murau unter Niklas von Liechtenstein nahm durch den Ungarnkrieg ein jähes Ende. Nach dem vorübergehenden Verlust seiner Güter war es dem tüchtigen Liechtensteiner nicht mehr möglich, die frühere Bedeutung seines Besitzes wieder herzustellen, und als er im Jahre 1499 starb, hinterließ er seinen Söhnen Rudolf, Achatz und Christoph ein stark verschuldetes Erbe. Wieder mußten Teile des Besitzes verkauft werden wie zum Beispiel die Burg Stein, die 1503 das Stift St. Lambrecht samt der dazugehörigen Herrschaft erwarb. Im Jahre 1530 erbte die Herrschaft Murau Rudolfs Sohn Georg, unter dem sich die wirtschaftliche Lage wieder besserte. Doch als dieser kinderlos starb und sein Vetter Otto, Vater von acht Söhnen und acht Töchtern, den Besitz übernahm, stieg die Schuldenlast wieder rasch an. Seine Söhne traten im Jahre 1564 ein derart verschuldetes Erbe an, daß sie nicht einmal die Zinsen hiefür aufbringen konnten.

Die Hauptgläubigerin der Liechtensteiner war Barbara Seenus, verwitwete Neumann, aus Villach. Als nun Christoph, der älteste der Brüder, um die Hand deren Tochter Anna warb, hat das Bestreben um die Erhaltung der Herrschaft für das Geschlecht der Liechtensteiner wohl nicht unbedeutend mitgespielt.

Frau Seenus, die von Otto von Liechtenstein bereits im Jahre 1552 die Herrschaft Treffen gekauft hatte, wird als überaus tüchtig in geschäftlichen Belangen beschrieben. Sie besichtigte zunächst den wertvollen, doch vernachlässigten Besitz in Murau und sorgte dann für einen Ehevertrag, in dem ihrer Tochter der gesamte Besitz zugesichert wurde, falls Christoph ohne männliche Nachkommen ableben sollte.

Die 1565 geschlossene Ehe blieb tatsächlich kinderlos, und als Christoph 1580 starb, trat seine Witwe Anna das Erbe an. Mit den Brüdern ihres verstorbenen Gatten, deren Anteile an der Herrschaft sie schon Jahre zuvor erworben hatte, schloß sie 1581 einen Vergleich, der den Auseinandersetzungen um das hinterbliebene Vermögen ein Ende bereitete. Sie überließ demnach ihren Schwägern das Marschallamt in Kärnten mit allen Einkünften, den Zehent im Krappfeld, Reitpferde, Rüstungen und Geschütze sowie alle entbehrlichen Urkunden und leistete überdies noch eine Abfindungssumme. Damit verlor das Geschlecht der Liechtensteiner endgültig die Herrschaft Murau und erlosch im Jahre 1614 mit dem Tode Ottos IX.

Eine ungewöhnliche Persönlichkeit war nun „Herrin auf Murau" geworden, deren Leben und Wirken heute ein Teil der Geschichte der Stadt Murau ist.

Anna Neumann

Der Bauer Michael Neumann in Vockenberg bei St. Lambrecht wird 1450 als erster Vorfahre der Anna Neumann von Wasserleonburg genannt. Ihr Großvater war bereits Bürger in Weitensfeld in Kärnten und ihr Vater Wilhelm lebte als wohlhabender Bürger und Handelsherr in Villach. Er konnte sogar ein Adelsprädikat erwerben und nannte sich fortan Neumann von Wasserleonburg, nach jenem Schloß im Gailtal, das er 1522 den Brüdern Ungnad abgekauft hatte.

Nach seinem Tode im Jahre 1536 übernahm seine Frau Barbara das ansehnliche Vermögen, das einmal den vier ehelichen Söhnen zufallen sollte. Die damals erst einjährige Tochter Anna war nur für den Fall des Erlöschens der männlichen Linie als Erbin vorgesehen. Frau Barbara, die es verstand, den Besitz ertragreich zu verwalten und zu vermehren, heiratete nach vierzehnjährigem Witwenstand den vermögenden Handelsherrn Hans Seenus.

Anna Neumann vermählte sich im Jahre 1557 mit Johann Jakob von Thonhausen, der schon drei Jahre später ohne männliche Nachkommen verschied. Fünf Jahre nach seinem Tod nahm die junge Frau die Werbung des Christoph von Liechtenstein an, nach dessen Ableben im Jahre 1580 ihr die Herrschaft Murau zufiel. Da sie bereits alle ihre Brüder, ihren Stiefvater und auch ihre Mutter überlebt hatte, verfügte sie

Anna Neumann von Wasserleonburg

nun über ein stattliches Vermögen von Gütern, Gülten, Bargeld und Pfandbriefen. Unter den Schuldnern befanden sich auch angesehene Persönlichkeiten – wie etwa der Bischof von Bamberg, der schon bei ihrer Mutter in Schuld gestanden war.

Ein Jahr nach dem Tode ihres zweiten Gemahls heiratete Anna Neumann den Freiherrn Ludwig von Ungnad zu Sonegg, der bereits eine ungewöhnliche Laufbahn hinter sich hatte und es mit kaum zwanzig Jahren zum Abt des Zisterzienserstiftes Rein bei Graz gebracht hatte. Dann war er jedoch in den Hof- und Kriegsdienst getreten. Er wurde schließlich ein Verfechter der Lehre Luthers und erschien als Wortführer der protestantischen Stände auf dem Brucker Landtag.

Ludwig von Ungnad starb 1584, und zwei Jahre danach ging Anna Neumann mit Carl Freiherrn von Teuffenbach, ihrem Gutsnachbarn, ihre vierte Ehe ein. Doch schon 1610 wurde auch er ihr vom Tod entrissen, und bald darauf entschloß sie sich zur Vermählung mit Graf Ferdinand von Salamanca Ortenburg. Nach fünfjähriger Ehe verschied auch dieser, und die einundachtzigjährige Greisin ging 1617 mit dem Reichsgrafen Georg Ludwig zu Schwarzenberg ihre sechste Ehe ein. Mit Donationsurkunde vom 20. Oktober desselben Jahres übertrug sie ihm die Stadt und Herrschaft Murau samt allem Zubehör.

Anna Neumann starb am 18. Dezember 1623 im 88. Lebensjahr als Protestantin, weshalb ihr eine Grabstätte in der Stadtpfarrkirche verwehrt wurde. Der Erzbischof von Salzburg gestattete zwar ein kirchliches Begräbnis, doch mußte zu ihrer Beisetzung in der Elisabethkirche eine Nische ausgebrochen und der Leichnam so bestattet werden, daß der Kopf außerhalb der Kirche zu liegen kam. Erst im Jahre 1873 fand sie ihre endgültige Ruhestätte in der Kirche des Kapuzinerklosters in Murau.

Was bisher über diese zweifellos ungewöhnliche Frau geschrieben wurde, läßt auf jene Fragen, die in ihrem Leben Anlaß zu verschiedenen Spekulationen geben, eine klare Antwort offen. Sicherlich lassen sich aus den überlieferten Tatsachen einige Vermutungen ableiten, die unter Berücksichtigung der damaligen Zeitumstände vielleicht nicht immer der Fama zuzuordnen sind. Beschränkt man sich jedoch auf die historischen Tatsachen, so ist zunächst festzustellen, daß Anna Neumanns Geschick in geschäftlichen Belangen im Vordergrund stand. Sie vermochte nicht nur, den ererbten Besitz ertragbringend zu verwalten, sondern auch durch kluge Geschäftspolitik zu festigen und zu erweitern. Mit eiserner Sparsamkeit wahrte sie die Unversehrtheit ihres Vermögens und zeigte unnachgiebige Strenge bei der Einforderung ihrer Gülten, Zehente und Zinsen. In diesen materiellen Erfolgen sind vermutlich auch die tieferen Wurzeln für manch üble Verleumdungen zu suchen, die gerne an ihre ersten fünf Ehen geknüpft werden.

Eine Frau wie Anna Neumann mußte wegen ihres Reichtums, ihres eigentümlichen Lebensgeschickes, wegen ihrer sozialen Stellung als Grundherrin und nicht zuletzt wegen ihrer markanten Charaktereigenschaften in einer Zeit des Aberglaubens und der Hexenprozesse erst recht ein unvermeidliches Ziel mißgünstiger Angriffe sein. Es ist daher nicht verwunderlich, daß sie in zwei verschiedenen Hexenprozessen von den dort Angeklagten beschuldigt wurde, diese zum „Wettermachen" angestiftet zu haben. Der Ausgang der Ehrenbeleidigungsklage gegen Mört Schmörkenwierfl, der die Frau von Teuffenbach eine Oberhexe genannt hatte, ist nicht bekannt. Der Hexenseher soll den Wahrheitsbeweis angeboten haben, und Anna Neumann verdankte es wahrscheinlich ihrer angesehenen Stellung, daß sie trotz der von Aberglauben durchdrungenen Einstellung der Bevölkerung nicht vor Gericht gebracht wurde. Im Jahre 1603 sagte ein gewisser Hans Träxler aus, die „Neumannin" hätte ihn beauftragt, wöchentlich zwei bis drei „Wetter" zu machen, damit den Bauern das Getreide auf den Feldern vernichtet würde und sie ihre Vorräte in den Kästen besser „versilbern" könnte. Auf peinliches Befragen hin widerrief der Landstreicher jedoch seine Aussage, und es stellte sich heraus, daß er von der Beschuldigten des öfteren Almosen empfangen und zusammen mit anderen armen Leuten auf dem Schloß zu essen erhalten hatte.

Hexenprozesse wegen Wettermachens und Zauberei waren in dieser Zeit häufig auf der Tagesordnung, und aus St. Lambrecht sind uns mehrere Fälle bekannt. Im Jahre 1602 wurde

Georg Ludwig Graf zu Schwarzenberg

ein gewisser Dionys wegen Zauberei und Wettermacherei zum Tode auf dem Scheiterhaufen verurteilt. Zwei Jahre später fand ein Gerichtsverfahren gegen einen Hans von Metnitz statt, der beim Verhör bekannte, Wetter gemacht zu haben, und dafür zum Tod mit dem Schwert verurteilt wurde. Das gleiche Schicksal ereilte zehn Jahre später den Marxl Schöpfer aus Hinteregg bei Oberwölz.

Anna Neumanns Verdienste um die Stadt und die Herrschaft Murau werden über einzelnen Ereignissen ihrer ungewöhnlichen Lebensgeschichte gern allzu leicht vergessen. Mit Klugheit und Willensstärke hatte sie die Verwaltung ihres Besitzes streng in der Hand und sorgte umsichtig für ihre Untertanen. Die Stadt verdankte ihr die Neugründung des Bürgerspitals, das auf eine Stiftung Ottos II. von Liechtenstein zurückging. Sie regelte auch die Holz- und Weideservitute für die 101 bestehenden Bürgerhäuser sowie die Vermögensverhältnisse der Pfarrkirche. Die Bewohner von Murau konnten ihre Ersparnisse bei der Schloßherrin anlegen und sicher sein, daß die Zinsen stets pünktlich bezahlt wurden. Diese Einrichtung kann mit einer Art Sparkasse verglichen werden, wie sie zuvor aus der Steiermark nicht bekannt ist.

Anna Neumann hinterließ ein ansehnliches Vermögen, bestehend aus Grundbesitz in Steiermark, Kärnten und Krain sowie aus hohen Forderungen an Schuldner verschiedenen Standes. Unter ihnen waren Handelsherren, Adelige, Prälaten und Bischöfe und selbst der deutsche Kaiser schuldete ihr 220.000 Gulden. Von diesem Vermögen fiel der alte liechtensteinische Besitz an ihren letzten Ehegatten, den Reichsgrafen Georg Ludwig zu Schwarzenberg. Die Herrschaft Murau blieb von nun an in wechselndem Umfang in den Händen des Hauses Schwarzenberg und galt 1848 als größte Grundherrschaft im Bezirk.

Georg Ludwig zu Schwarzenberg bekleidete wichtige Ämter im Dienste des Erzherzogs Ferdinand in Graz. Dieser betraute ihn später auch als Kaiser Ferdinand II. mit verschiedenen diplomatischen Missionen. Georg Ludwig zog sich jedoch bald aus dem Hofdienst zurück und widmete sich nur mehr seinen Besitzungen. Er ließ die alte liechtensteinische Burg abtragen

und in den Jahren 1628 bis 1643 das heutige Schloß Obermurau erbauen. Auch die Elisabethkirche und das Bürgerspital
erfuhren auf seine Anordnung hin größere Veränderungen, und
1643 stiftete er das Kapuzinerkloster zu Murau. Durch die
Wirren des Dreißigjährigen Krieges, an dem er als Heerführer
teilnahm, und den damit verbundenen wirtschaftlichen Niedergang war ihm eine Erweiterung der Herrschaft Murau nicht
möglich. Mit seinem Tode erlosch die bayrische Linie der
Schwarzenberg und der Besitz ging an seinen Vetter Johann
Adolf aus der rheinischen Linie über.

Grundherrschaft und Bauern

Bei der Landvergabe durch den König zu Beginn des Früh-
mittelalters gelangte Grund und Boden in die Hände einer
verhältnismäßig kleinen Zahl verdienter Adeliger und in den
Besitz der Kirche. Die weitaus größere Bevölkerungsgruppe
stellten aber die Bauern dar, welche die Arbeit auf dem Groß-
grundbesitz zu verrichten hatten, im öffentlichen Leben jedoch
ohne Recht und Einfluß blieben.

Der Bauer zählte in der mittelalterlichen Gesellschaftsord-
nung zur untersten Schichte der Bevölkerung und galt allgemein als „armer gemeiner Mann". Innerhalb des Bauernstan-
des unterschied man anfangs noch zwischen „frei", „halbfrei"
und „unfrei", je nachdem, welche rechtliche Stellung der einzelne Bauer zur Grundherrschaft einnahm. Diese Unterschiede
verwischten sich später immer mehr. Eine Sonderstellung genossen lediglich die in unserer Gegend mehrfach nachgewiesenen „Edlinger", deren Ursprung nicht geklärt ist, vermutlich aber noch in die karantanische Zeit zurückreicht. Sie zeich-
neten sich gegenüber den übrigen Bauern durch ihre Waffen-
fähigkeit aus und hatten daher entsprechende Aufgaben im
öffentlichen Dienst zu erfüllen. Meist wurden sie zum Schutze
der Straßen und im Gerichtswesen eingesetzt. Im Bezirk Murau
saßen Edlinger nachweislich in der Gegend um Neumarkt, bei
St. Georgen ob Murau und am Freiberg, wo der Weiler „Ed-

Gasthaus Kropfmar, Katsch

ling" noch darauf hinweist. Auch die Bezeichnung „Freiberg" selbst wird von „freien" Bauern hergeleitet.

Der Grundherr vergab in der Regel den größten Teil seines Bodens an Bauern weiter, wobei als Besitzeinheit die „Hube" zählte. Nur wenige Bauern bewirtschafteten einen „Hof", der etwa zwei Huben entsprach und fünfzig bis sechzig Joch Ackerland umfaßte. Mit der Zunahme der Bevölkerung kam es später zur Teilung von Huben in Halbhuben und Viertelhuben, wie sie auch in unserer Gegend vielfach nachweisbar sind.

Die Bauern mußten für die Bewirtschaftung des Bodens dem Grundherrn einen Grundzins leisten, der ursprünglich aus Naturalabgaben bestand, später aber immer häufiger in Geldzinse umgewandelt wurde. Außer dem Grunddienst war noch der Frondienst oder die „Robot" zu leisten, daß heißt, es mußten verschiedene Arbeiten auf dem Herrengut, dem von der Herrschaft selbst bewirtschafteten Ackerland, verrichtet werden. Die herrschaftlichen Großgutshöfe, die sogenannten „Villikationen", verschwanden schon gegen Ende des 12. Jahrhunderts, da es sich für die Grundherrschaft als günstiger erwies, den Grund zu verpachten und nur einen zur Befriedigung des Eigenbedarfs erforderlichen Teil selbst zu bestellen. Der Großteil dieses Eigenbedarfes war dabei ohnehin schon durch den Grundzins in Form der Naturalabgaben gedeckt. Heute weisen noch die Vulgonamen „Moar", „Maier", auf ehemalige Villikationshöfe hin, die sich durch ihre Größe und ihre Lage auf bestem Siedlungsboden hervorheben. Aus der Zerschlagung eines freisingischen Villikationshofes entstand im 13. Jahrhundert das Dorf Althofen, woran noch der Hofname „Halmer" (Halbmeier) erinnert.

Eine zweite freisingische Villikation wird 1160 genannt und lag wahrscheinlich im Oberdorf Katsch. Die bekannte Säumerherberge „Kropfmoar" sowie die Höfe „Hansmann" und „Erhardmoar" dürften daraus hervorgegangen sein.

Dem Bauern war Grund und Boden unter bestimmten Rechtsnormen vom Grundherrn zur Nutzung überlassen. Die bis zum 14. Jahrhundert am meisten verbreitete Form der Grundverleihung war die sogenannte „Freistift", eine für den Bauern ungünstige Regelung, da er jederzeit vom Grund-

STIRVS RVST·

Steirischer Bauer nach Lazius 1561

herrn „abgestiftet" werden konnte. Von dieser Möglichkeit wurde jedoch meist nur dann Gebrauch gemacht, wenn der Bauer seine Arbeit vernachlässigte und seine Abgaben und Zinse nicht entrichtete. Denn tüchtige Arbeitskräfte zu erhalten, lag naturgemäß im Interesse der Grundherrschaft.

Im 15. und 16. Jahrhundert setzte sich immer mehr das Erb- oder Kaufrecht durch. Der Bauer konnte das Recht zur Grundnutzung gegen eine größere Abfindungssumme vom Grundherrn erwerben, um es dann zu vererben oder mit Bewilligung der Grundherrschaft weiterzuverkaufen. In diesem Falle hatte jedoch der neue Bewirtschafter dem Grundherrn als „Anlait" oder „Laudemium" einen bestimmten Prozentsatz des von einem Schätzmeister festgestellten Grundwertes zu entrichten. In der Obersteiermark betrug dieser Satz ein Drittel. Das Kaufrecht bot den Bauern eine gewisse Sicherheit, mit ihrer Familie auf dem bewirtschafteten Grund und Boden bleiben zu können, brachte aber auch den Vorteil, daß Zinsen und Robotverpflichtungen nicht willkürlich erhöht werden konnten.

Der Bauer hatte als „Urbarsmann", „Erbhold" oder „Untertan" dem Grundherrn Gehorsam und Treue zu erweisen. Darunter fiel auch die Verpflichtung zur Instandhaltung des überlassenen landwirtschaftlichen Betriebes und zur Entrichtung der schuldigen Abgaben. Der Grundherr gewährte dafür Schutz und Huld, was sich auf Schutz vor Feinden, Rechtsbeistand vor Gericht und Hilfe in wirtschaftlicher Notlage durch Brandfälle oder Mißernten bezog. In der Praxis zeigte es sich jedoch immer wieder, daß der Grundherr mehr auf seine Rechte als auf seine Pflichten bedacht war.

Das Zusammenleben der Bauern innerhalb einer Grundherrschaft sowie ihre Stellung zum Grundherrn war durch ein auf der jeweiligen Herrschaft geltendes Gewohnheitsrecht geregelt. Schriftliche Aufzeichnungen über die Rechtsnormen beginnen erst gegen Ende des Mittelalters und stellen wichtige Nachrichten über die Lebensformen der Bauernschaft dar.

Die Hintersassen hatten alljährlich an einem festgesetzten Tag an einem bestimmten Ort zum „Taiding" zu erscheinen, einer Versammlung, bei der ihnen Gebote und Verbote vorgelesen wurden. Im Stiftsarchiv von St. Lambrecht sind Aufzeichnungen über mehrere „Banntaidinge" dieses Landgerichtes verwahrt, die uns Kunde über die in diesem Gerichtsbezirk herrschenden Rechtsverhältnisse geben. Demnach waren die Bauern bei feindlichen Überfällen, Einbrüchen und anderen gefährlichen Ereignissen zu nachbarlichem Beistand verpflichtet. Das Tragen von Waffen war ihnen allerdings streng verboten, nicht zuletzt deshalb, um sie von Feindseligkeiten gegen die eigene Grundherrschaft leichter abzuhalten. Streng überwacht waren auch die Wirte, um die Verwendung unrichtiger Maße beim Ausschank sowie die Verwässerung des Weines zu verhindern. Es mußten die in Neumarkt üblichen Maße und Gewichte verwendet werden. Auch bei den Müllern, Bäckern und Fleischhauern wurde streng auf die Verwendung der rechten Maße und Gewichte geachtet. Außerdem bestanden noch genaue Vorschriften über das Errichten von Zäunen, das Austreiben von Vieh und ähnliche Arbeiten im täglichen Leben.

Nachdem der Grundzins anfänglich in Naturalien geleistet worden war, setzte sich später immer mehr die Geldleistung durch. Diese Art der Zinsentrichtung bot dem Bauern die Möglichkeit, seine Produkte auf den Märkten — in Murau etwa jeden Dienstag und Freitag — günstig zu verkaufen und aus der stetig fortschreitenden Geldentwertung Nutzen zu ziehen. Denn der Grundzins war in den Urbaren in absoluten Beträgen festgelegt und konnte nicht gesteigert werden. Die Grundherrschaft wußte jedoch diesen Nachteil durch die Erhöhung anderer Abgaben wieder auszugleichen.

Die Naturalabgaben bestanden in unserem Gebiet aus Weizen, Hafer, Roggen und Gerste. Dazu kamen die für die herrschaftliche Küche vorgesehenen „Kleinrechte", bestehend aus Feldfrüchten, Flachs und Gemüse. Von den Huben im Katschtal wurde sogar Hopfen gezinst. Außerdem gab es den Blutzins, nämlich die Abgabe von Kleintieren wie Schafen, Ziegen, Schweinen, Hühnern und vereinzelt Gänsen. Auch Tierprodukte wie Eier, Milch, Butter, Käse, Rinderhäute, Felle, Daunen und Schafwolle mußten abgeliefert werden.

Die Untertanen des Bistums Freising hatten Schafe, Lämmer und Käselaiber zu Georgi und Michaeli, Hühner zu Georgi und im Fasching, Eier zu Ostern und Schweine ebenfalls zu Georgi bereitzustellen.

An hohen Festtagen mußten außerdem bestimmte Bauern der Grundherrschaft die „Weisat" darbringen. Auf freisingischem Gut bestand sie meist aus vier Korn- und Weizenbroten, einem Huhn und einer Schweineschulter. Als Gegenleistung für den vom Grundherrn gewährten Schutz war noch der Vogthafer und Vogtweizen als Abgabe eingeführt.

Eine der drückendsten Belastungen für die Bauern war der Zehent, der zehnte Teil der Ernte, der an die Kirche abgegeben werden mußte. Ein Drittel davon war für den Pfarrer, der Rest für den Bischof bestimmt, der seinen Anteil mitunter an ein Kloster vergab, wie es zum Beispiel mit dem Zehent aus dem Katsch- und Wölzertal der Fall war. Dieser fiel dem Stift Admont zu. Es konnten aber auch Adelige den Anteil des Bischofs als Lehen erhalten.

Außer diesen Abgaben hatten die Untertanen auch verschiedene Dienstleistungen zu verrichten, etwa durch Mithilfe bei der Bewirtschaftung der grundherrlichen Güter. Die sogenannte „gemessene Robot" war auf eine bestimmte Anzahl von Tagen im Jahr beschränkt und betrug am freisingischen Gut höchstens zwanzig Tage. Diese Verpflichtung bestand meist im Einsatz bei der Feldarbeit und wurde weniger drückend empfunden als die „ungemessene Robot", bei der die Bauern für schwerere Arbeiten herangezogen wurden. Die Untertanen des Bistums mußten etwa jährlich einundsiebzig Fuhren an Holz fällen und zum Schloß Rotenfels führen. Noch unbeliebter aber war die Jagdrobot, bei der sie hauptsächlich als Treiber eingesetzt waren, und die nicht nur zeitraubend, sondern auch gefährlich war. Auch bei größeren Bauarbeiten, vor allem zur Errichtung und Instandhaltung von Befestigungsanlagen, wurden die Grundholden herangezogen. Den Weg von Oberwölz über Hochegg nach Oberzeiring sowie die Straße über das Glattjoch hatten Untertanen des freisingischen Gutes zu erhalten.

Die wirtschaftliche Lage der Bauern war demnach weitgehend vom jeweiligen Grundherrn bestimmt und daher örtlich unterschiedlich. Jedenfalls ermöglichten Vieh- und Almwirt-

schaft den bäuerlichen Untertanen in unserer Gegend günsti-
gere Verhältnisse als jenen in der Untersteiermark. Einige
wenige Bauern konnten sogar zu gemessenem Wohlstand gelangen, und 1584 war es sogar einem Bauern möglich, dem
Abt von St. Lambrecht ein Darlehen für die Reparatur der
Orgel zu gewähren. Die soziale Stellung der Untertanen gegenüber den gehobeneren Bevölkerungsschichten war jedoch un-
überbrückbar.

Die Bauernunruhen im Jahre 1525

Mit dem Ausklang des Mittelalters trat eine auffallende
Verschlechterung der wirtschaftlichen Verhältnisse ein, die zunächst auf die innere Unsicherheit infolge des Fehdewesens und
in der Folge auf den Kampf mit den Ungarn und Türken zurückzuführen war. Die Kriegsführung verschlang
Unsummen an Geld, und der Landesfürst erhöhte immer
wieder die Steuerlast, um die benötigten Mittel aufzubringen.
Aber auch die Grundherren schraubten ihre Forderungen
weiter in die Höhe und nährten damit eine wachsende Unzufriedenheit unter den Abgabepflichtigen. Die zunehmende
Geldentwertung bekamen vor allem die Bauern zu spüren,
die für ihre Produkte nur geringe Preise erzielen konnten, jedoch schwere Steuerlasten zu tragen hatten.

Die wirtschaftliche Notlage und die untergeordnete soziale
Stellung waren die Ursache für einen Aufstand der Bauern im
Jahre 1515 in Krain, Kärnten und in der Untersteiermark.
Die Erhebung wurde aber blutig niedergeschlagen.

Zehn Jahre später brachen von neuem Unruhen aus. Dies-
mal waren jedoch nicht allein wirtschaftliche und soziale Be-
weggründe maßgebend, sondern auch das reformistische Gedankengut der Lehre Luthers. Unter Berufung auf die neue
Auslegung der Bibel forderten die Bauern die Anwendung des
göttlichen Rechtes nicht nur auf die kirchlichen Verhältnisse,
sondern auch auf die wirtschaftlichen und politischen Lebens-

formen. Demnach konnte von Leibeigenschaft, Robot und drückenden Abgaben keine Rede sein, da sie zum Wort Gottes in Widerspruch standen. Nur Gott allein und dem Landesfürsten sollte die Anerkennung nicht versagt werden.

Die Unruhen gingen von Tirol und Salzburg aus, von wo sie auf die Steiermark übergriffen und mehr noch im Ennstal als im Murtal verheerende Folgen zeitigten.

Im Mai des Jahres 1525 erhoben sich die Bauern des Landgerichtes an der Mur und zwangen die Stadt Murau, sich den Bündischen im Lungau anzuschließen. Auch Neumarkt und Oberwölz mußten ihren Beitritt erklären, nachdem den Besatzungen der Burgen gedroht worden war, als Feinde behandelt zu werden. St. Egydi und das Stift St. Lambrecht erhielten ebenfalls die Aufforderung, an der Erhebung teilzunehmen.

Es fehlte jedoch an einer einheitlichen Führung, so daß es zu keinem entscheidenden strategischen Schachzug kam, und bereits im Herbst des gleichen Jahres bereiteten kaiserliche Truppen dem Aufstand ein Ende. Murau hatte wegen seines Bündnisses mit den aufrührerischen Lungauern vierhundert Gulden zu zahlen, und auch Oberwölz und Neumarkt mußten empfindliche Geldstrafen hinnehmen. Diese Orte hatten ihre Turmglocken abzuliefern, wodurch ihnen das „Sturmläuten" unmöglich gemacht wurde.

Mit der Unterdrückung dieser Erhebung im ganzen Land war die Hoffnung der Bauern auf Freiheit und wirtschaftliche wie soziale Besserstellung zerstört. Die materielle und persönliche Abhängigkeit von der Grundherrschaft blieb auch im 17. und 18. Jahrhundert aufrecht und fand erst mit der Aufhebung der Grundherrschaften im Jahre 1848 ein Ende. Die Verhältnisse in unserem Gebiet erwiesen sich dabei noch etwas günstiger als in der Untersteiermark, wo große Gutsherrschaften überwogen. Einerseits boten die geistlichen Grundherren im Oberland leichtere Lebensbedingungen — „unter dem Krummstab lebt es sich besser" —, andererseits waren durch Bergwerke Absatzmöglichkeiten für die bäuerlichen Produkte gegeben.

Trotz der allgemein dürftigen Lebensbedingungen in diesen unsicheren Tagen dürfte es doch so manchem möglich gewesen sein, Ersparnisse anzusammeln. Denn ein ansehnlicher Münzfund bei Saurau aus jener Zeit gibt ein buntes Bild des damals im Umlauf befindlichen Geldes: Neben Kleinsilbermünzen und Goldgulden verschiedener Prägung fanden sich Münzen aus Österreich ob und unter der Enns, aus Salzburg, Steiermark, Görz, Aquileja, Italien, Tirol, Ungarn, Böhmen, aus der Schweiz, den Niederlanden und dem Deutschen Reich.

Protestantismus

Die protestantische Glaubenslehre fand in Österreich unter allen Bevölkerungsschichten rasch Verbreitung und gewann selbst beim niederen Klerus Anhänger. Mißstände innerhalb der Kirche trugen zu dieser Entwicklung entscheidend bei.

Luthers Lehre vom „reinen Evangelium" drang von Salzburg aus über das Ennstal in die Steiermark ein. Handwerksgesellen, Bergknappen und Kaufleute trugen das neue Gedankengut ins Land, und bei der Visitation im Jahre 1528 zeigten sich auch in der Stadt Murau die ersten Anzeichen für das Vordringen protestantischer Gesinnung. Denn der Sohn des hier ansässigen Baders predigte bereits nach lutherischen Schriften, und die Proteste des katholischen Priesters wurden durch Drohungen der Bürger erstickt. Dem Stadtschreiber warf man vor, zur Verhöhnung des Ablasses einen „himmlischen Ablaßbrief" verfaßt zu haben, doch schützte ihn der Schloßherr vor seiner Entlassung.

In Oberwölz las selbst der freisingische Pfleger auf Rotenfels die Schriften Luthers und hielt sich auch nicht an die Fastengebote.

Vom Abt von St. Lambrecht wird berichtet, daß er zur Bekämpfung der in die Neumarkter Gegend eingedrungenen Lehre alle aufgefundenen lutherischen Bücher eigenhändig in der Küche verbrannt hätte.

Kaiser Ferdinand I. versuchte zwar als strenger Katholik dem Vordringen des neuen Glaubens entgegenzuwirken, doch geht aus den Visitationsberichten der folgenden Jahrzehnte die unaufhaltsame Ausbreitung des Protestantismus hervor. Auch

Pfarrkirche Stadl an der Mur

im Bezirk Murau war in der zweiten Hälfte des 16. Jahrhunderts protestantisches Glaubensgut bereits weit verbreitet und hatte vor allem deshalb an vielen Orten Fuß gefaßt, weil die meisten adeligen Grundherren Anhänger der neuen Lehre waren.

Nach dem Tode Kaiser Ferdinands I. übernahm die Regierung in Innerösterreich Erzherzog Karl, der sich vorbehaltslos zum katholischen Glauben bekannte. Doch auch als katholischer Landesfürst hatte er nicht die Macht, die Glaubenseinheit wieder herzustellen und war vielmehr gezwungen, den Forderungen der protestantischen Stände wiederholt nachzugeben. Denn die Verteidigung und Befestigung des von den Türken bedrohten Landes bedurfte beträchtlicher Geldmittel, die durch die Einhebung von Steuern aufgebracht werden mußten.

Der Erhöhung und Neueinführung derartiger Abgaben hatten jedoch die Stände auf den Landtagen die Bewilligung zu erteilen, und der Landesfürst konnte deren Zustimmung vielfach nur durch Zugeständnisse seinerseits erlangen.

Dem Herren- und Ritterstand gelang es daher 1572, das Recht zur freien Ausübung seines Glaubens durchzusetzen. Die Adeligen durften nun Schulen unterhalten und Prädikanten anstellen. Da der Grundherr nach der damals geltenden Auffassung auch die Religion seiner Untertanen bestimmte, waren diese in die Glaubensfreiheit einbezogen. Von den Zugeständnissen ausgenommen waren lediglich die Märkte und Städte.

„Unter großem Zulauf des Volkes" verkündeten zahlreiche evangelische Prädikanten den lutherischen Glauben. In Murau sind sieben Pastoren in ununterbrochener Reihenfolge nachgewiesen. Der letzte von ihnen, Salomon Egginger, mußte der im Jahre 1600 einsetzenden Gegenreformation weichen. In Murau soll auch eine vorzügliche evangelische Schule bestanden haben. Nach einem Bericht Martin Zeillers, des bekannten Topographen, ist Rektor ein gewisser „M. Wolfgangus Pensoldus, ein Meißner, gewesen, so gelehrte Leuth gezogen und scharffe disciplin gehalten". Die Schule wurde jedoch im Jahre 1600 auf Anordnung des Erzherzogs hin geschlossen.

Der Vater Zeillers wirkte als Pastor in Ranten, wo er 1553 als katholischer Priester angestellt worden war. Doch bald

RANTEN

Ranten, von G. M. Vischer, 1681

hatte er sich zur Augsburger Konfession bekannt und 1567 die Tochter des Murauer Bürgers Hans Dreyer geheiratet. Aus seiner zweiten Ehe mit einer Preußin entsproß am 17. April 1589 Martin Zeiller, der später durch seine Forschungsreisen und die darüber verfaßten 42 Topographien berühmt wurde. In der „Topographia provinciarum Austriacarum" findet sich eine eingehende Beschreibung der österreichischen Länder. Pastor Zeiller wurde 1585 von der geistlichen Obrigkeit der Pfarre Ranten, dem Bischof von Lavant, aufgefordert, seinen Glauben zu ändern oder die Pfarre zu verlassen. Er konnte sich aber der Ausweisung bis 1600 widersetzen. Dann zog er auf Befehl des Landesfürsten weg und starb 1609 als Spitalspfleger in Ulm im Alter von 82 Jahren.

In St. Peter am Kammersberg beschuldigte die Bevölkerung den Pfarrer Martin Lorber, übermäßig hohe Gebühren bei Taufen, Hochzeiten und ähnlichen Anlässen einzuheben, was zur vorübergehenden Vertreibung des Geistlichen führte. Während dieser Zeit wirkte hier nur der evangelische Prediger Abraham Mohn, bis im Jahre 1591 – wohl auf Druck der freisingischen Herrschaft – Martin Lorber wieder eingesetzt wurde. Denn das Bistum Freising suchte mit aller Strenge auf seinen Besitzungen den Protestantismus zu unterdrücken.

Trotzdem konnte die lutherische Lehre innerhalb der freisingischen Herrschaft starke Anhängerschaft finden, denn der Pfleger auf Rotenfels schritt nicht dagegen ein und duldete auch, daß sich der Stadtschreiber von Oberwölz und der Schulmeister Valentin Viereker ungestraft für die neue Lehre einsetzten. Erst mit der Bestellung eines neuen Pflegers begann ein strenges Vorgehen gegen die Protestanten innerhalb der Herrschaft, und der Stadtschreiber wie der Schulmeister wurden ausgewiesen. Dennoch konnten noch mehrere Jahre hindurch evangelische Prediger in Oberwölz ihre Lehre verkünden und regen Zustrom verzeichnen. Da ihnen der Zutritt zur Stadtpfarrkirche verwehrt war, predigten sie in der Spitalskirche. Im Jahre 1591 wurde auch hier der evangelische Geistliche vertrieben. Nachdem der damalige Pfleger Christoph Perwang gegenüber den Protestanten „keine Unbarmherzigkeit sparte", scheint es auf der freisingischen Herrschaft Rotenfels noch vor Einsetzen der Gegenreformation gelungen zu sein, die neue Glaubensbewegung zu unterdrücken. Der letzte protestantische Prediger wird 1595 genannt.

In Althofen im Katschtal bestand unter dem Schutz der protestantischen Herren von Windischgrätz, den Besitzern der Herrschaft Katsch, ein evangelisches Bethaus. Hier wirkte ebenfalls eine Reihe von Prädikanten, bis im Jahre 1600 das Gebäude und der dazugehörige Friedhof zerstört wurden.

Auch in der Neumarkter Gegend konnte der Protestantismus wichtige Stützpunkte gewinnen, und selbst in dem landesfürstlichen Markt mußte der katholische Pfarrer einem Prädikanten weichen. Das Stift St. Lambrecht, zu dem die Pfarrkirche von Neumarkt gehörte, hatte Mühe, den Prediger wieder auszuweisen. Einer Beschwerde der Bürger aus dem Jahre 1584 ist zu entnehmen, daß der Prädikant schon zwanzig Jahre in Neumarkt gewirkt hatte. Nach der Ausweisung des Predigers und der Bestellung eines neuen katholischen Geistlichen für die Pfarrkirche Neumarkt fanden die Anhänger der neuen Glaubenslehre bei Moritz Jöbstl, dem Inhaber der Herrschaft Lind, Rückhalt. Neben dem Schloß war eine evangelische Kirche errichtet worden, wo die Neumarkter die Predigten des hier ansässigen Prädikanten hören konnten. Auch die Bewohner von St. Marein besuchten diese Kirche.

In den beiden letzten Jahrzehnten des 16. Jahrhunderts dürfte auch die Pfarre St. Margarethen am Silberberg mit einem Prädikanten besetzt worden sein, und auch bei Mühlen wirkte bis 1600 ein evangelischer Prediger. Da ihm der Zutritt zur Kirche St. Helena versagt blieb, hat er die Bauern in einem kleinen Häuschen mit dem „vermeinten Sacrament unter seiner Haustür über die Schwelle, darauf die Communikanten knieten, aus einer schmutzigen Kandl" versehen. Nach seiner Flucht soll dieses „Häusel" von den Religionskommissären verbrannt worden sein.

Auf der Herrschaft St. Lambrecht konnte der Protestantismus ebenfalls Fuß fassen, und trotz des energischen Eingreifens der Äbte ist noch bis 1623 von „Widerspenstigen oder gar Uncatholischen" die Rede.

Der allgemeine wirtschaftliche Niedergang sowie der Mangel an Mönchen als Folge des Protestantismus führten gegen Ende des 16. Jahrhunderts dazu, daß selbst das Stiftsgebäude teilweise verfallen konnte und nur mehr zehn alte Klosterbrüder zurückblieben. Der tatkräftige Abt Martin Alopitius mußte das Kloster nach dem Einsetzen der Gegenreformation förmlich neu begründen. Erst unter einer Reihe weiterer tüchtiger Äbte erlebte es wieder raschen Aufschwung und konnte sich zu neuer Blüte entfalten.

Gegenreformation

Schon während der Ausbreitung des Protestantismus begannen sich die Gegenkräfte zu regen. Erzherzog Karl wagte zwar nicht, seine Zugeständnisse an Adel und Grundherrschaften zu widerrufen, doch ging er energisch gegen die Protestanten vor. Er berief Jesuiten zur Rettung des alten Glaubens und ließ Prädikanten aus den landesfürstlichen Märkten und Städten vertreiben. Die Ausweisung des Neumarkter Prädikanten durch den Abt von St. Lambrecht im Jahre 1584 erfolgte auf Befehl dieses Landesfürsten. Sein Sohn Erzherzog Ferdinand, streng katholisch erzogen, setzte sich die Wiederherstellung der katholischen Glaubenseinheit im Lande zum obersten Ziel. Da er die Huldigung der Stände erhalten hatte, ohne ihnen die Religionsfreiheit bestätigt zu haben, konnte er ohne Rücksicht gegen den Protestantismus einschreiten.

Im Jahre 1600 setzte auch in unserem Gebiet die Gegenreformation mit aller Heftigkeit ein. Zunächst wurde gegen die Protestanten unter den Bürgern und Bauern vorgegangen, während der Adel noch verschont blieb, jedoch keine Prädikanten mehr halten durfte. Religionskommissionen zogen in Begleitung von Soldaten durch das Land und ließen protestantische Kirchen und Friedhöfe zerstören.

Von der Herrschaft Murau allein wurden im Jahre 1600 sieben Prädikanten ausgewiesen, und auf den übrigen Grundherrschaften unseres Bezirkes war es ähnlich. An Stelle der

Fresken in der Pfarrkirche von Schöder

evangelischen Prediger setzte man katholische Geistliche ein und drohte Bürgern und Bauern mit der Ausweisung, falls sie nicht zum alten Glauben zurückkehren sollten.

Erzherzog Ferdinand erließ Reformationsordnungen für Städte und Märkte. Die Reformationsordnung für die Stadt Murau vom 4. September 1600 enthielt in sechs Punkten genaue Anordnungen über die Maßnahmen zur Ausrottung des protestantischen Gedankengutes. Demnach waren die Prädikanten auszuweisen, die Bürgerschaft hatte bei einem katholischen Priester zur Beichte zu erscheinen, der Besuch des katholischen Gottesdienstes mit Empfang der heiligen Sakramente war vorgeschrieben, und die Einhaltung der Fastengebote wurde angeordnet. Die Zechen und Bruderschaften hatten ihr Zunftwesen wieder aufzunehmen. Lutherische Bücher wurden verboten, unerwünschte Lieder abgeschafft und katholische Schulmeister, Zech- und Kirchenpröpste mußten bestellt werden. Strenge Strafen drohten jenen, die ihre Kinder an „ketzerische" Schulen ins Ausland schickten.

Zur Durchsetzung dieser Bestimmungen kam Martin Brenner, der „Ketzerhammer", mit den „Grätzerischen Inquisitionskommissären und einer Quardia von 300 Büxenschützen" unter dem Ritter Christoph von Prank nach Murau. Die gleiche Truppe zog auch nach Neumarkt, wo sie Schloß Lind belagerte, in dem Moritz von Jöbstl erbitterten Widerstand leistete. Die evangelische Kirche wurde dort damals zerstört.

Große Teile der Bevölkerung kehrten angesichts dieser strengen Maßnahmen zumindest nach außen hin zum katholischen Glauben zurück. Doch wurden auch einige unbeirrbare Anhänger der lutherischen Lehre des Landes verwiesen.

Jene Bürger, die sich entschlossen, die Heimat zu verlassen, hatten zehn Prozent vom Erlös aus dem Verkauf ihres Besitzes an den Landesfürsten abzuliefern, den Rest durften sie mit sich nehmen. Durch zahlreiche Verkäufe war es jedoch oft schwierig, einen angemessenen Preis zu erzielen und die Veräußerung zügig zu bewerkstelligen, so daß die Kaufsumme häufig erst nach jahrelangen Anstrengungen vom Ausland aus eingefordert werden konnte.

Im Jahre 1628 stellte Kaiser Ferdinand nach der Unterwerfung des böhmischen Adels auch die steirische Herrenschicht vor die Entscheidung, zum Katholizismus zurückzukehren oder das Land zu verlassen. Viele nahmen das Los der Auswanderung auf sich, und auch alteingesessene Adelsfamilien des oberen Murtales gehörten zu ihnen. Kinder mußten im Lande zurückbleiben und einem katholischen Vormund zur Erziehung überlassen werden. Wolf von Pranckh und dessen Frau Cordula hatten sich daher 1629 von ihren vier unmündigen Kindern zu trennen und ließen sich ihren Besitz von katholischen Verwandten ablösen.

Auch Hans Friedrich von Teuffenbach mußte als Protestant ins Ausland gehen und übergab seine Güter mit dem Schloß Altteufenbach an seinen katholischen Vetter Jakob. Da er sich im Dreißigjährigen Krieg auf Seite der Protestanten rühmlich hervortat, erklärte ihn Kaiser Ferdinand zum Hochverräter und ließ alle seine ehemaligen Besitzungen in der Steiermark einziehen. Obwohl Jakob von Teuffenbach diese käuflich erworben hatte, gelang es ihm nicht, sich dagegen erfolgreich zur Wehr zu setzen. Erst nach dem Westfälischen Frieden wurden die Güter an die Tochter des Geächteten zurückgegeben.

Die in der Neumarkter Gegend ansässige Familie Jöbstl blieb ebenfalls dem Protestantismus treu. Zu ihren Besitzungen gehörten außer dem Schloß Lind auch die Herrschaften und Schlösser Velden bei St. Veit in der Gegend, Karlsberg sowie Schrattenberg. Der älteste von den drei Söhnen des Moritz von Jöbstl entschloß sich nach Erlassung des Reformationspatentes zur „Anbequemung" und blieb im Lande. Die beiden anderen zogen nach Regensburg und trennten sich von ihren Anteilen am Besitz: die Herrschaft Lind erhielt zur Gänze der in der Heimat verbliebene Bruder, Velden und Schrattenberg wurden an Carl Jocher verkauft.

Die Herrschaft Murau war im Jahre 1617 bereits durch Anna Neumann in den Besitz des katholischen Grafen Schwarzenberg gekommen und blieb von den Maßnahmen der Gegenreformation verschont. Die Herrschaft Katsch hingegen war schon 1604 von den protestantischen Windischgrätz verkauft worden.

Das Land schien wieder dem katholischen Glauben zurückgewonnen zu sein. Doch die Gegenreformation hatte sich nur im Adel und unter der Bürgerschaft durchzusetzen vermocht, die Bauern behielten zum Teil ihre ablehnende Haltung gegenüber dem katholischen Glauben bei. Im „Geheimprotestantismus" lebte die Lehre Luthers weiter. Viele Beispiele verdeutlichen die Hartnäckigkeit, mit der sich die Anhänger des Protestantismus der Gegenreformation zur Wehr zu setzen wußten. So wurden etwa bis zum Beginn des 18. Jahrhunderts um Mühlen und St. Margarethen einzelne Bauern mehrfach „der Ketzerei" verdächtigt. Am längsten hielt sich die evangelische Lehre in Stadl, das als Stützpunkt für die von Kärnten nach Deutschland flüchtenden Exulanten galt. Durch sechs Generationen hindurch bewahrte sich hier lutherisches Bekenntnis und Schrifttum.

Religionskommissäre, die 1752 nach Stadl entsandt wurden, um die Pfarre zum katholischen Glauben zurückzuführen, stellten fest, daß trotz des Fehlens eines Lehrers die Bauern zum Teil lesen und schreiben konnten und daher über die Lehre Luthers gut unterrichtet waren. Im Jahre 1753 mußten 34 „Sectierer" nach Siebenbürgen auswandern.

Knapp zwanzig Jahre später kam abermals eine Religionskommission nach Stadl, um das Luthertum zu beseitigen. In der bis 1774 folgenden großen Emigrationswelle wanderten insgesamt 180 Personen nach Siebenbürgen aus. Kinder unter sieben Jahren übergab man gut katholischen Hausvätern, Jugendliche bis zu fünfzehn Jahren fanden in einem Waisenhaus in Graz Unterkunft, alle anderen konnten das Land verlassen. Damit war der Widerstand gegen den katholischen Glauben gebrochen, und auch nach dem Toleranzpatent von 1781 blieb die Pfarre überwiegend katholisch.

Teufenbach, von G. M. Vischer, 1681

Bautätigkeit in der frühen Neuzeit

Mit dem Ausklang des Mittelalters und dem Aufkommen einer neuen Kampfestechnik verloren die Burgen als Schutz- und Wehranlagen immer mehr an Bedeutung. Außerdem waren die Burgen in der Regel nur schwer erreichbar und konnten dem zunehmenden Anspruch auf Wohnkomfort nicht mehr genügen. Viele Adelige errichteten daher in Tallagen prunkvolle Schlösser oder bauten ehemalige Meierhöfe, die zur Versorgung der Burg gedient hatten, zu Edelsitzen aus. In dieser Zeit wurden auch so manche begüterte Bürger in den Adelsstand erhoben, erwarben Grundbesitz außerhalb der Städte und ließen sich hier einen Herrensitz errichten. Zahlreiche schloßähnliche Bauten aus dem 16. und 17. Jahrhundert belegen in unserem Bezirk diese Entwicklung. Lediglich die Burg Stein wurde wegen der Bauernunruhen zwischen 1525 und 1532 erweitert und stärker befestigt.

Eines der ersten Talschlösser war der von Kaiser Maximilian I. in Scheifling 1496 errichtete „Gjaidhof", von dem in einem Gasthof heute noch Teile erhalten sind. Reste der Wehrmauer und zwei runde Ecktürme wurden leider in jüngster Zeit abgetragen.

Um die Mitte des 16. Jahrhunderts entstand durch Ausbau des ehemaligen Meierhofes der Burg Altteufenbach neben der Pfarrkirche das Schloß Neuteufenbach mit zwei Ecktürmen an der Nordseite. Diese Ecktürme sind charakteristisch für die schlichten Renaissancebauten aus dieser Zeit und auch bei etlichen anderen Schlössern im Bezirk zu finden, wie zum Beispiel beim heutigen Bauerngut Pichlhof in St. Veit in der Gegend oder beim Schloß Oberndorf. Letzteres liegt besonders malerisch an einem kleinen Teich nordwestlich von Vockenberg. Von der einstigen Einrichtung des Gebäudes ist noch eine getäfelte Stube aus dem Jahre 1607 im Joanneum in Graz zu bewundern.

Gegen Ende des 16. Jahrhunderts ließ Seifried von Moosheim das Schloß Goppelsbach, einen schlichten Renaissancebau, bei Stadl errichten, der heute noch, kunstverständig renoviert, einen stattlichen Wohnsitz darstellt.

Schloß Oberdorf

Um die gleiche Zeit entstand aus einem alten Wehrbau auch das Schloß Feistritz, das nach einigen Umbauten und Anbauten in den folgenden Jahrhunderten seit 1943 im Besitz des Landes Steiermark steht und als landwirtschaftliche Fachschule dient.

Aus ehemaligen herrschaftlichen Meierhöfen gingen das „Untere Schloß" Lind bei Neumarkt sowie das Schloß Velden bei St. Veit in der Gegend hervor, und aus den Amthöfen zu Ranten und Baierdorf gestaltete Georg Graf von Schernberg die Schlösser Ranten und Thurnegg, die aber gänzlich verschwunden sind.

Zu verfallen droht auch das sogenannte „Wedamschlößl" am Ortseingang von St. Egidi bei Murau, das wegen seiner ungewöhnlichen Fassadengliederung Aufmerksamkeit verdient.

Graf Georg Ludwig von Schwarzenberg gab dem süddeutschen Baumeister Valentin Khautt den Auftrag, anstelle der alten gotischen Burg in Murau den späten Renaissancebau Schloß Obermurau zu errichten, der 1643 vollendet wurde. Das mächtige Bauwerk ist bis heute ohne wesentliche bauliche Veränderungen erhalten geblieben und dient nach wie vor als Verwaltungsmittelpunkt der Schwarzenbergischen Besitzungen.

Einer der prächtigsten Barockbauten der Steiermark war Schloß Schrattenberg bei Scheifling, berühmt wegen seiner kunstvollen Ausstattung. Die Freiherren von Prandegg hatten die ausgedehnte Anlage zwischen 1680 und 1685 aus einem alten Wehrbau errichten lassen. Im Jahre 1782 weilte Kaiser Josef II. hier und gab in den prunkvollen Räumen ein großes Fest.

Aus dem 17. Jahrhundert sind noch das Pichlschloß bei Neumarkt und das Hammerherrenschloß Pachern am Wölzbach zu erwähnen.

In dieser Blütezeit der Bautätigkeit entstanden auch viele stattliche Bürgerhäuser zum Teil mit Arkadenhöfen. Sie sind ein vielfach heute noch sichtbarer Ausdruck für den Wohlstand jener Familien, die durch Handel oder Gewerbe, meist durch den Eisenhandel, zu Gütern und Ansehen gelangt waren.

Nach der Gegenreformation setzte auch die kirchliche Bautätigkeit wieder ein. In St. Lambrecht wurde unter Abt Benedikt Pierin im Jahre 1639 der Grundstein für einen vollkommenen Neubau des Stiftsgebäudes gelegt. Nach den Plänen des italienischen Baumeisters Domenico Sciassia aus Rovereto entstand ein vom Geist der Renaissance erfülltes Bauwerk, das zu den schönsten aus dieser Zeit zählt.

Es folgte ein Jahrhundert regster Bautätigkeit in St. Lambrecht, und das Kloster konnte zu einer wirtschaftlichen und kulturellen Blüte gelangen, wie sie nie zuvor erreicht worden war. Umso härter traf das Stift seine Aufhebung gegen Ende des 18. Jahrhunderts.

Wirtschaftliche Entwicklung in der Neuzeit

Seit jeher sind die Verkehrswege, die die Obersteiermark durchziehen, der Lebensnerv des wirtschaftlichen Treibens ihrer Bewohner. Schon früh benutzten wichtige Fernhandelsstraßen das obere Murtal und dessen Seitentäler, die für eine möglichst direkte Verbindung zwischen dem Donauraum und Oberitalien sorgten. Die Bedeutung des Durchzugshandels trug zur Entstehung von Märkten und Städten im Bezirk Murau entscheidend bei und ließ die Straßen zu einem wesentlichen Faktor für die wirtschaftsgeschichtliche Entwicklung des Bezirkes werden.

Im Mittelalter durchzog die Italienstraße von Scheifling über Neumarkt bis Dürnstein unser Gebiet und diente als Nord-Süd-Verbindung einem regen Handel. Doch auch die überlieferten Tauernübergänge wie der Sölkpaß, das Glattjoch und der Radstädter-Tauernpaß waren wichtige Verkehrswege, die Handel und Gewerbe im Bezirk Murau reiche Entfaltungsmöglichkeiten boten. Murau, Oberwölz und Neumarkt konnten dank ihrer Verkehrslage an Durchzugsstraßen im Mittelalter zu wirtschaftlicher Blüte gelangen.

Die Handelswege durch das Murtal und das Kammertal sowie über den Perchauer Sattel waren als fahrbare Straßen ausgebaut. Als Nord-Süd-Verbindungen dienten für den Fernhandel auch die Saumwege über den Sölkpaß, das Glattjoch und den Priewaldsattel.

Bei Friesach bestand von der Italienstraße eine Abzweigung, die über Metnitz und den Priewaldsattel die Stadt Murau erreichte. Die Geländestufe vom Laßnitztal zum Murtal, dessen Steigung auf dem Weg von Murau nach Laßnitz zu bewältigen ist, wird heute noch als „Samabichl", also Säumerbühel, bezeichnet. Von Murau führte eine Straße weiter über Ranten und Seetal nach Tamsweg, wo sie sich verzweigte. Über den Radstädter Tauern erreichte man Salzburg und den süddeutschen Raum mit der wichtigen Handelsstadt Augsburg, über den Katschberg ging es nach Gmünd und Südtirol mit dem Mittelpunkt Brixen.

Die übrigen Verkehrswege im Bezirk dienten in erster Linie dem Nahverkehr, wie etwa die Straße muraufwärts ins Salzburgische oder die von ihr ausgehenden Verbindungen in den Süden. Über die Turracher Höhe erreichte man Villach und durch den Paalgraben über die Flattnitz gelangte man nach Metnitz und Friesach. Die Verbindungen von Neumarkt über Mariahof nach Teufenbach oder über St. Lambrecht und Laßnitz nach Murau hatten ebenfalls überwiegend im Nahverkehr Bedeutung.

Gegen Ende des 15. Jahrhunderts erlitt die wirtschaftliche Blüte im oberen Murtal auffallende Rückschläge. Die Ursachen hiefür lagen nicht nur in den Auswirkungen der zahlreichen Fehden und kriegerischen Unruhen, sondern auch in einer großen wirtschaftlichen Neuorientierung ganz Europas. Durch die Entdeckung des Seeweges nach Indien büßte Venedig als Hauptumschlagplatz an Bedeutung ein, und auch die Adria konnte ihre Vorrangstellung als Seeverkehrsweg nicht mehr behaupten. Die Handelszentren verlagerten sich vom Mittelmeer an den Atlantik. Neue Verkehrswege wurden wichtig und alte Handelsstraßen veródeten.

Im oberen Murtal machte sich diese Entwicklung durch den Niedergang des blühenden Durchzugshandels bemerkbar. Bauernkriege, Gegenreformation und innere Unruhen trugen das Ihre dazu bei. Dieser Rückschlag konnte jedoch durch die zunehmende Bedeutung des Eisenhandels zu einem guten Teil wettgemacht werden. In diese Zeit fällt ein rascher Aufschwung der Murauer Eisenniederlage, von der aus vornehmlich die das Handelsleben beherrschenden oberdeutschen Städte beliefert wurden.

Außer dem Eisen, auf dessen Bedeutung noch ausführlich einzugehen sein wird, gab es noch andere Handelsgüter, die in Murau umgeschlagen wurden. Denn das Murauer Niederlagsrecht, über das allerdings nur spärliche Nachrichten vorhanden sind, umfaßte alle „Kaufmannswaren". Eine wichtige Rolle spielte jedenfalls das Salz, das zunächst von Hallein über Seetal und später überwiegend von Aussee über den Sölkpaß ins Murtal geschafft wurde. Ein weiterer Saumweg für Ausseer Salz war die Verbindung vom Ennstal über das Glattjoch nach

Oberwölz. Murau und Oberwölz waren dadurch Hauptumschlagplätze für Salz, das von hier aus ins angrenzende Kärnten und bis in die Untersteiermark weitertransportiert wurde. Als Gegenfracht brachten die Säumer, vielfach Bauernsöhne aus dem oberen Murtal, vor allem Wein, aber auch Öl, Zitronen und Gewürze aus dem Süden mit.

Schon frühzeitig konnte sich der Viehhandel um Murau und Oberwölz behaupten und Geschäftsverbindungen bis Tirol aufrecht erhalten. Daneben entwickelte sich auch ein Handelszweig mit tierischen Produkten wie vor allem Fellen und Häuten. Für den Speikhandel hatte ein Murauer Bürger um die Mitte des 16. Jahrhunderts sogar das Monopol.

Das wichtigste Handelsgut war jedoch das Eisen. Von der Murauer Niederlage aus wurde es nach Salzburg, München, Augsburg, ja selbst bis Antwerpen geliefert, hatte aber auch in Südtirol, im Raume von Bozen und Brixen, ein gutes Absatzgebiet. Die Belieferung der süddeutschen Städte erfolgte über den Radstädter Tauern, der seit 1519 zu einem Fahrweg ausgebaut war. Ein Fünftel des über Tamsweg abgewickelten Handelsvolumens an Eisen gelangte über den Katschberg nach Südtirol.

Das Aufblühen des Eisenhandels führte zur Errichtung einer neuen Niederlage in Murau. Kaiser Friedrich III. gestattete 1492 den Bürgern der Stadt mit Rücksicht auf ihr altes Niederlagsrecht den Ankauf eines eigenen Gebäudes zur Unterbringung der „Lötschen". Es handelte sich dabei um Teile der heutigen Brauerei, wo das Eisen gegen Entrichtung einer Abgabe an die Stadt eingelagert werden mußte.

Zur Führung der Niederlage und Einhebung der Gebühren war ein Niederleger bestellt, der mit seinem Vermögen für die Einnahmen haftete. Niederleger waren daher nur angesehene und wohlhabende Handelsherren der Stadt. Das Recht zum Eisenhandel hatten ursprünglich alle Bürger von Murau, doch konnten sich mit der Zeit nur mehr finanzkräftigere Familien durchsetzen.

Von den Murauer Bürgern, die weitreichende Handelsbeziehungen unterhielten und zu ansehnlichem Wohlstand gelangen konnten, sind Michael Trapp sowie Hans, Christoph

und Joachim Schmelzer zu nennen. Auch Judenburger Kaufleute benutzten die Murauer Niederlage, und selbst süddeutsche
Handelsherren lagerten hier ein. Um 1543 hatten nachweislich
deren achtzehn in Murau Eisen liegen.

Neben dem Eisenhandel blühte im oberen Murtal auch die
Eisenverarbeitung. Die Voraussetzungen hiefür boten die umliegenden Wälder als Brennstofflieferanten, die Flußläufe als
Träger der Wasserkraft und nicht zuletzt die günstige Verkehrslage an den Fernhandelswegen nach Süddeutschland und
Südtirol. Zahlreiche Hammerwerke fertigten Harnischbleche,
Klingen, Nägel und Draht. Die Erzeugung von Armbrustbogen
wurde mit der zunehmenden Verwendung von Feuerwaffen
eingeschränkt und durch die Herstellung von Sensen, Sicheln
und Strohmessern abgelöst.

Die Hammerwerke im Bezirk Murau bezogen das Roheisen
zum Großteil von den Vordernberger Radwerken, die jedoch
nicht immer in der Lage waren, davon genügend zur Verfügung zu stellen. Deshalb kam auch sogenanntes „Waldeisen"
zur Verarbeitung, das von kleineren Berg- und Schmelzwerken
der Umgebung stammte. Solche bestanden bei Hüttenberg, Gmünd, Waldenstein, Oberwölz und St. Lambrecht. Das
„Waldeisen" mußte auf Anordnung Kaiser Friedrichs III. als
solches gekennzeichnet werden, da es mit dem Vordernberger
Eisen in Konkurrenz stand und sich mit diesem qualitätsmäßig
meist nicht messen konnte. Unter Kaiser Maximilian I. wurde
die Verwendung von „Waldeisen" überhaupt verboten, um
die Einnahmen des landesfürstlichen Kammergutes auf dem
Erzberg zu steigern. Niklas von Liechtenstein erhielt im Jahre
1497 die Anweisung, seinen Untertanen „so Hemer und
Plehewser" haben, aufzutragen, nur „lewbnerisches Eysen"
vom Erzberg zu verarbeiten.

Der Bergbau

Bereits im Jahre 1256 war Ulrich von Liechtenstein mit der Moosheimer Urkunde das Bergrecht in dem Landgerichtsbezirk an der Mur verliehen worden. Dieses Recht erhielten die Liechtensteiner wiederholt vom Landesfürsten bestätigt, zuletzt unter Kaiser Friedrich III., der Niklas von Liechtenstein im Jahre 1458 die Berghoheit für ihn und seine Nachkommen zusicherte.

Die bergrichterlichen Aufzeichnungen aus den Jahren 1508 bis 1519 geben Einblick in die Bergbautätigkeit zu Beginn des 16. Jahrhunderts und lassen erkennen, daß schon seit früheren Zeiten an verschiedenen Orten Bergbau betrieben worden ist. Es waren jedoch meist kleinere Abbaustellen, die keine wesentliche Bedeutung erlangen konnten. Genannt werden die Orte Krakau, Chuchelberg, Pazenbüchel, Lerchberg, Einach, Gotschitl, St. Ruprecht, Prewald, Pölauwald, Triebendorf, Peterdorf und der Feistritzgraben. Über Art und Umfang dieser Bergbaue ist zwar nichts bekannt, doch dürften den Grubennamen nach auch Edelmetallschürfe darunter gewesen sein.

Die Herrschaft Murau nahm eine bergrechtliche Sonderstellung ein, die der landesfürstlichen Bergbehörde jedoch unerwünscht war, da ein herrschaftlicher Beamter die Aufgaben eines Bergrichters besorgte. Als 1531 anläßlich der Eröffnung eines neuen Bergbaues in Ranten ein landesfürstlicher Bergrichter bestellt wurde, setzten sich die Liechtensteiner dagegen gewaltsam zur Wehr, wobei dieser Mann den Tod fand. Schließlich wurde für die Berggerichte Murau, St. Lambrecht und Oberwölz doch ein landesfürstlicher Bergrichter eingesetzt, und die Liechtensteiner verloren 1536 endgültig ihre Bergfreiheit.

Das Stift St. Lambrecht betrieb ebenfalls etliche Bergbaue in unserem Gebiet. Herzog Friedrich I. hatte dem Stift unter Abt Heinrich II. Moyker für alles Erz auf Klostergründen die Schurfbewilligung erteilt. Einen Eisenbergbau gab es in der Pöllau bei Neumarkt, der bereits 1460 erstmals erwähnt wird und bis ins 19. Jahrhundert ergiebig war. Nach Berichten des Lambrechter Chronisten Johann Menestarfer aus dem Jahre

1482 wurde auf Stiftsbesitz sogar Gold gefunden. Silber gewann man in der Karchau und im Saurerwald, wo Schmelzhütten auf Silber und Blei standen. Um die Mitte des 15. Jahrhunderts erwarb das Stift alle Anteile an den Arsengruben „in der Techa" (Thaja) bei St. Blasen, deren Nutzung es verpachtete. Der Betrieb mußte jedoch 1518 auf Anordnung Kaiser Maximilians I. mit Hinblick auf das landesfürstliche Konkurrenzunternehmen in Breitenau eingestellt werden.

Bei Oberwölz verfügte das Bistum Freising über Schürfstellen nach Eisenerzen und Silber, doch zeigten auch hier die bergbaulichen Bemühungen keine nennenswerten Erfolge.

Es gab demnach in unserem Bezirk um diese Zeit zwar eine Anzahl von Bergwerksbetrieben, die jedoch wegen ihrer geringen Ergiebigkeit rasch ihre Besitzer wechselten und zum Großteil noch im 16. Jahrhundert verfielen und in Vergessenheit gerieten. Der Turracher Bergbau, der einzige, der in unserem Gebiet größere Bedeutung erlangen konnte, wurde erst in der zweiten Hälfte des 17. Jahrhunderts eröffnet.

Eisenhandel und Hammerwerke nach 1560

Nach der Hochblüte des Eisenhandels in Murau um die Mitte des 16. Jahrhunderts wirkte sich der Zusammenbruch großer Handelshäuser in Augsburg auch auf unser Gebiet nachteilig aus. Das Handelsvolumen mit Süddeutschland verringerte sich auf ein Sechstel seines früheren Ausmaßes, und es mußte auf Absatzgebiete in Südtirol ausgewichen werden, wo sich Brixen zum Hauptumschlagplatz entwickelte. Ein vollwertiger Ersatz für den verloren gegangenen süddeutschen Handelsraum konnte aber nicht mehr gefunden werden.

Zu Beginn des 17. Jahrhunderts erfuhren die Geschäftsbeziehungen nach Süddeutschland wieder eine starke Belebung, erreichten jedoch nicht mehr die einstige Bedeutung und wurden schon durch den Dreißigjährigen Krieg wieder unterbrochen. Wenngleich der Bezirk Murau von dem Kriegsgeschehen verschont blieb, waren doch die Auswirkungen vor allem in der wirtschaftlichen Entwicklung deutlich spürbar. Die Verbindung mit Süddeutschland brach nun vollends ab, und es blieb nur der Handel mit der weiteren Umgebung der Stadt, mit Salzburg und mit Südtirol bestehen. Wachsender Steuerdruck und Unsicherheit auf den Straßen waren in unserem Gebiet die Folgen des Dreißigjährigen Krieges, nach dessen Beendigung der Handel in beschränktem Umfang wieder zunahm. Die Murauer Eisenniederlage hatte jedoch ihre Bedeutung für den Fernhandel endgültig verloren. Sie bestand noch bis 1782. Damals hob Kaiser Josef II. viele das Wirtschaftsleben lenkende staatliche Regelungen auf und schaffte auch die Bindung des Eisenhandels an bestimmte Orte und Vorschriften ab.

Nachdem der Handel mit Eisen immer größeren Umfang angenommen hatte, immer mehr Kapital erforderte und daher zum Großteil in die Hände ausländischer Handelsherren gelangt war, kam nun auch in Innerösterreich eine neue Form des Eisenhandels auf. Die Hammerherren selbst übernahmen auch den Handel und begannen die Käufer direkt vom Hammerwerk aus zu beliefern. Die Niederlage der Stadt Murau wurde nun gegen Entrichtung einer kleinen Gebühr umgangen. Der Eisenhandel blieb auf einige wenige kapitalkräftige Familien beschränkt, von denen aus Murau die Diewald, Grössing und Monatschein hervorzuheben sind. An die Grössing erinnert noch das stattliche Haus, das den Schillerplatz in Murau an der Westseite abschließt. Das Geschlecht der Monatschein wurde 1629 geadelt und erhielt den Beinamen Monsperg.

Die meisten Eisenhämmer in und um Murau gehörten zur Herrschaft Schwarzenberg, die seit 1662 auch ein eigenes Bergwerk mit Schmelzofen in Turrach betrieb. Schon im Mittelalter hatte die Herrschaft Liechtenstein etliche Hammerwerke besessen, und im 18. und 19. Jahrhundert wurden weitere zugekauft. Allein am Rantenbach standen im Bereich der Herrschaft Murau neun Hammerwerke, die nach verschiedenen Vorbesitzern im Laufe der Zeit alle in schwarzenbergischen Besitz gelangten.

Eineinhalb Wegstunden außerhalb der Stadt im Rantental lag der Kulmhammer, heute nur mehr an einzelnen verwachsenen Mauerresten erkennbar. Es folgte flußabwärts der Herrschaftshammer, in der Nähe der einstigen Richtstätte an der Straße durchs Rantental gelegen, von dem keinerlei Spuren mehr vorhanden sind. Wenig weiter davon stand der Prixenhammer, genannt nach seinem Besitzer bis zum Jahre 1522, Lienhard Prix. Er kam nach verschiedenen Zwischenbesitzern 1881 zur Herrschaft Schwarzenberg und stand am längsten in Betrieb. Erst 1923 wurde er stillgelegt. Die Reihe setzte sich fort mit dem „Grüblhammer", dem „Brukkenhammer" und dem „Feldhammer", die ursprünglich alle im Besitze verschiedener bedeutender Murauer Hammerherren waren und schließlich ebenfalls von der Familie Schwarzenberg aufgekauft wurden. Nördlich der St.-Anna-Kirche stand am alten Flußbett der Ranten der „Heiligenstatthammer", der den Diewald, später den Grössing und seit 1786 den Schwarzenberg gehörte. Vor der Mündung der Ranten in die Mur reihten sich dann noch vor dem Grazertor eine Nagelschmiede und der Drahtzughammer aneinander, die um 1844 zusammengelegt wurden. Während das Drahtzuggebäude seit seiner Errichtung im Jahre 1667 im Besitz der Herrschaft Schwarzenberg steht, kam die Nagelschmiede erst genau hundert Jahre später hinzu.

Weitere Hammerwerke lagen am Laßnitzbach, am Katschbach und am Wölzerbach zwischen Niederwölz und Oberwölz. Hämmer pochten auch bei Scheifling im Feßnachgraben, in der Nähe von St. Lambrecht und bei Teufenbach. Der einzige Sensenhammer im Bezirk arbeitete am Olsabach im Einödgraben.

Die größte Bedeutung erlangte jedoch das Stahlhammerwerk in der Paal, wo der bekannte Brescianerstahl hergestellt wurde. Die Erzeugnisse dieses schwarzenbergischen Betriebes erlangten als „Paaler Stahl" Berühmtheit und waren auch im Ausland sehr begehrt. Selbst nach Einstellung der meisten Hammerwerke in der zweiten Hälfte des 19. Jahrhunderts konnte sich diese Qualitätsware noch einige Jahre hindurch behaupten.

Immer mehr Hammerwerke unterlagen um diese Zeit der Konkurrenz mit den neuen Walzwerken, die im Zuge der technischen Neuerungen in der gesamten Eisengewinnung und -verarbeitung tiefgreifende Umwälzungen mit sich brachten. Damit war auch das Ende für die zahlreichen Hammerwerke im Bezirk Murau unaufhaltsam herangekommen, nachdem sie Jahrhunderte hindurch hier das Wirtschaftsleben bestimmt hatten.

Das Turracher Eisenbergwerk

Der Eisenbergbau bei Turrach begann um 1660 unter Fürst Johann Adolf zu Schwarzenberg, der den Kupferschmelzer Rupert Aigner in diese Gegend geschickt hatte, um nach Erzen zu suchen. Zuvor hatte bereits am Nordabfall der Schafalpe oder Kroneggeralpe ein Kupferbergbau bestanden, der aber 1622 mit dem Tode des letzten Besitzers, eines Kärntner Gewerken, aufgelassen und vergessen worden war.

Nach Eröffnung des Eisenbergbaues bei Turrach im Steinbachgraben baute man im Ort selbst einen Schmelzofen und schließlich in der Paal ein neues Hammerwerk, denn die bestehenden Hämmer der Herrschaft Murau durften nur Roheisen aus Vordernberg verwenden. Anfängliche Mißerfolge bei dem Schmelzprozeß in Turrach führten bald wieder zur Schließung des Turracher „Blahwerkes", bis gegen Ende des 17. Jahrhunderts in der Eisenversorgung durch die Vordernberger Radwerke ein Engpaß eintrat und vielen Hammerwerken der Stillstand drohte. Nun wurde der Betrieb des „Waldeisenbergwerkes" in Turrach wieder aufgenommen, doch erst um 1720 setzte ein merklicher Aufschwung ein, der mit der Errichtung der Kirche in Turrach einen sichtbaren Ausdruck fand. Soweit das erzeugte Eisen nicht auf den herrschaftlichen Hämmern verarbeitet wurde, mußte es über die Tamsweger Niederlage ausgeführt werden.

Gegen Ende des 17. Jahrhunderts gehörten außer den Paaler Hämmern zur Herrschaft Schwarzenberg: Der Murauer Herrschaftshammer, der Katscher Herrschaftshammer, der Kulmhammer im Rantental, der Tschakathurnhammer bei Scheifling und der Herrschaftshammer bei Frauenburg.

Der Bergbaubetrieb bei Turrach gewann im Laufe des 18. Jahrhunderts immer mehr an Bedeutung, so daß der Hochofenbetrieb laufend verbessert und erweitert werden mußte. Turrach entwickelte sich zu einem richtigen Bergwerksort und unterhielt regen Fuhrwerksverkehr zur Abfuhr der Eisenflossen und Zubringung von Holzkohle. 1783 wurde daher ein neuer Fahrweg durch den Turrachgraben bis Predlitz angelegt, der

Kirche und Verweshaus in Turrach

erstmals den Felsriegel am Taleingang mit einem Durchbruch knapp neben dem Bache bezwang.

Zu höchster Blüte entfaltete sich im 19. Jahrhundert der Bergwerks- und Schmelzbetrieb in Turrach unter dem Verweser Peter Tunner sen., der zahlreiche Erneuerungen beim Erzabbau und beim Hochofen vornahm. Unter Mitwirkung von Peter Tunner jun., dem Begründer der montanistischen Hochschule in Leoben, erlebte Turrach schließlich am 9. Oktober 1863 wohl seinen stolzesten Tag, als hier die erste Bessemer-Birne auf dem europäischen Kontinent in Betrieb genommen wurde. Doch bald darauf setzten ernstliche Existenzsorgen ein, die zunächst ihre Ursachen in dem schon seit längerer Zeit drückend gewordenen Holzkohlemangel hatten. Doch auch der Standort des Hochofenbetriebes im abgelegenen Turrachtal brachte Probleme mit sich. Die ungünstige Verkehrslage wurde mit der Eröffnung der Kronprinz-Rudolf-Bahn im Jahre 1872, die den Bezirk Murau nur von Scheifling über den Neumarkter Sattel bis Dürnstein durchquert, noch augenscheinlicher. Diesen Nachteil konnte auch der Bau der Murtalbahn von Unzmarkt bis in den Lungau nicht mehr wettmachen. Schließlich setzten in der Eisenindustrie in der zweiten Hälfte des 19. Jahrhunderts derart tiefgreifende technische Veränderungen ein, daß das kleine Werk in Turrach der in- und ausländischen Konkurrenz nicht mehr gewachsen sein konnte. Der Betrieb wurde langsam eingeschränkt, und 1909 erlosch im Hochofen das Feuer für immer. Der kleine Ort Turrach versank bald in Vergessenheit, die baulichen Reste des einstigen Schmelzbetriebes verschwanden mehr und mehr, doch ein stattliches Verweshaus kündet noch heute vom einstigen Bergsegen.

Fuhrstraße beim „Hohen Steg" bei Predlitz, nach einem Stich von Ferdinand Runk

Der Tabakrummel von 1715 und seine Folgen

Während der Zeit des Dreißigjährigen Krieges dürfte in der Steiermark der Tabak Verbreitung gefunden haben. Auch unter der Landbevölkerung war das neue Genußmittel bald ein begehrter Artikel, und der Staat sicherte sich damit eine wichtige Einnahmsquelle. Erzeugung und Handel mit Tabak wurden zum Staatsmonopol erklärt, und Einfuhren aus dem Ausland waren mit hohen Zöllen belegt. Der Tabakschmuggel von Ungarn her florierte, und ein umfangreicher Beamtenapparat sollte diesen Schwarzhandel unterbinden. Sogenannte „Überreiter" durchstreiften mit militärischer Bewachung das Land und fahndeten nach Besitzern von geschwärztem Tabak. Als Strafen drohten hohe Geldbußen, Haft oder Vermögensbeschlagnahmung. Diese „Überreiter" waren bei der Bevölkerung äußerst verhaßt, umso mehr, als sie oft selbst die Leute auf hinterlistige Weise zum Kauf von geschmuggeltem Tabak verleiteten, um sie dann einer harten Strafe zuzuführen. Einer der findigsten war der Tabakkommissär Anton Müllner, kurz „Tabak-Toni" genannt, ein Bäckermeister aus Oberwölz. Über ihn weiß die Chronik zu berichten, daß er „sein Geschäft ziemlich zu seinem Nutzen angelegen sein ließ, indem derselbe mit Hintansetzung aller Menschenlieb die Leute, dem Vergehen niemals gemäß, mit großen Geldstrafen behandelte."

Der Eigennutz und die Hinterlist dieses „Tabak-Toni" führten soweit, daß sich die Bauern aus der Umgebung, vornehmlich von Ranten und Schöder, in ihrem Grimm zusammenrotteten und mit Sensen und Dreschflegeln bewaffnet in Richtung Murau zogen. Doch der Pfarrer, der die erboste Schar auf seinem Heimritt von Ranten gesehen hatte, warnte die Murauer rechtzeitig, so daß die Bauern bei ihrem Eintreffen vor der Stadt das Salzburgertor verschlossen vorfanden. Daraufhin zog der ganze Haufen über die Krautgärten zum Neugassentor, westlich des Raffaltplatzes, fand eine schadhafte Stelle in der Stadtmauer, drang in die Stadt ein und suchte den „Tabak-Toni" im Gasthaus zum Bichlwirt, heute Stadler, um „ihn ein bißchen totzuschlagen". Dieser hatte sich aber bereits in Sicherheit gebracht, und die Bauern tobten sich nun in der Wirtsstube aus und schlugen alles kurz und klein. Inzwischen hatte der Stadtrichter den Murauer Oberverwalter zu Hilfe geholt. Dieser verstand es, die aufgebrachte Meute zu beruhigen, indem er sie reichlich bewirten ließ. Freibier, Wein und Weißbrot verfehlten nicht ihre Wirkung. Die Bauern zogen am nächsten Tag zufrieden ab, nachdem ihnen der Verwalter noch versprochen hatte, für Wiedergutmachung und Ersatz jenes Schadens zu sorgen, den sie durch den Tabakkommissär erlitten hätten.

Doch dieses Ereignis zeitigte noch schwerwiegende Folgen. Der Oberverwalter hatte auch nach Judenburg einen Ruf um militärische Hilfe gerichtet. Daraufhin wurden einige Kompanien, die aus Ungarn abgezogen worden waren, murtalaufwärts in Marsch gesetzt und bei den aufständischen Bauern zur Strafe für ihr Eindringen in Murau einquartiert. Diese Soldaten schleppten aber die Pest ein, die im ganzen Bezirk zahlreiche Opfer forderte. Allein Murau hatte 92 Tote zu beklagen, darunter den jungen Priester Johann Niklas Diewald und dessen Vater Christian Diewald. Mit ihnen erlosch das altangesehene Hammerherrengeschlecht der Diewald. Am ärgsten wütete die Seuche in der Pfarre Ranten, wo die meisten Einquartierungen waren. An die 1000 Menschen starben hier an der Pest, die sich immer weiter ausbreitete. St. Peter, St. Georgen und Stadl wurden betroffen, und auch Niederwölz und Oberwölz blieben nicht verschont. Schließlich wurde der „schwarze Tod" auch in die Neumarkter Gegend eingeschleppt. Neumarkt mußte für den Durchzugsverkehr gesperrt werden. Rund ein Zehntel der Bevölkerung fiel hier der Pest zum Opfer. Auch Mariahof und St. Lambrecht wurden von der schrecklichen Seuche heimgesucht.

Als das Unheil endlich zum Erliegen gekommen war, entstanden an vielen Orten aus Dankbarkeit für die Errettung aus dieser schweren Not kunstvolle Mariensäulen und Pestkreuze. In Murau, Oberwölz und Neumarkt stehen heute noch am Hauptplatz Pestsäulen, die an jene schweren Tage erinnern.

Reformen im öffentlichen Leben

Die zweite Hälfte des 18. Jahrhunderts kennzeichnen verschiedene Reformmaßnahmen, die unter Kaiserin Maria Theresia einsetzten und von Josef II. und Leopold II. fortgeführt wurden. Die Landstände mußten Einschränkungen ihrer Machtstellung hinnehmen, und neu geschaffene Behörden sollten unter einer zentralen Verwaltung eine straffere Staatsführung ermöglichen.

Die Verbindungsstufe zu den zentralen Verwaltungsstellen in Wien stellte für die Steiermark das „Gubernium" in Graz dar, dem die fünf Kreisämter des Landes unterstanden. Der Bezirk Murau gehörte damals zum Kreis Judenburg, der das obere Murtal und das Ennstal umfaßte.

Die Kreisämter hatten eine Reihe wichtiger Aufgaben zu erfüllen. Ihnen war der Schutz der Untertanen gegen die Willkür der Grundherrschaften übertragen, deren Tätigkeit sie weitgehend zu überwachen hatten. Sie übten auch eine Kontrollfunktion bei der Einhebung der Steuern aus, mußten bei der Rekrutierung der Wehrpflichtigen mitwirken und hatten weitgehende Aufsichtsvollmachten für das ganze öffentliche Leben. Vor allem wegen ihrer Eingriffsmöglichkeit in die Obrigkeitsrechte der Grundherrschaften wurde ihnen jedoch gerade von dieser Seite wenig Anerkennung und Unterstützung zuteil. Besonders einschneidend wurde außerdem die Neuregelung des Steuerwesens empfunden, nach der die Besteuerung nicht wie bisher auf Bürgertum und Bauernschaft beschränkt blieb, sondern auch den Adel und die Kirche traf.

Der Staat begann auch Interesse für die Zahl seiner Untertanen zu bekunden. Im Jahre 1770 fand in Murau eine Volks- und Häuserzählung statt, anläßlich der die Häuser erstmals mit Nummern versehen und nicht mehr allein mit den Vulgonamen erfaßt wurden. Die durchgeführte „Seelenbeschreibung" ergab wichtige Unterlagen für die Rekrutierung des Militärs, das ebenfalls neuen Organisationsformen unterstellt wurde. Der Einführung eines einheitlichen Strafrechtes folgte die Abschaffung der Todesstrafe und der Folter unter Josef II., der dafür lange und harte Kerkerstrafen, Prügelstrafen und Fasten anordnete. Nicht mehr das Landgericht, sondern der Magistrat in Judenburg hatte über schwere Verbrechen zu urteilen. Die Grundherrschaften sowie die Markt- wie Stadtrichter blieben zwar als Gerichtsbehörden erster Instanz bei sogenannten „politischen Verbrechen" (zum Beispiel fahrlässiges Hantieren mit Feuer, kleine Diebstähle) bestehen, hatten jedoch hiefür einen geprüften Syndikus anzustellen. Sofern eine Gemeinde aus finanziellen Gründen dazu nicht in der Lage war, mußte sie die bürgerliche Gerichtsbarkeit an die nächste Grundherrschaft abgeben. Das war im Jahre 1787 in Murau der Fall, als die Herrschaft Schwarzenberg diese Aufgabe übernahm.

Die Reformen brachten für die bäuerlichen Untertanen verschiedene Erleichterungen, da unter anderem die Robot auf höchstens drei Tage in der Woche bei zwei warmen Mahlzeiten täglich eingeschränkt wurde. Die schützende Hand des Staates bewirkte zwar nicht deren volle Befreiung von den Pflichten gegenüber der Grundherrschaft, doch immerhin eine fühlbare Entlastung von persönlichen und wirtschaftlichen Verpflichtungen, denn die Erbuntertänigkeit blieb weiterhin bestehen.

Schulen und Kirche

Das Eingreifen des Staates in die verschiedenen Bereiche des Lebens geschah unter dem Einfluß der Aufklärung und erstreckte sich nicht nur auf wirtschaftliche, sondern auch auf kulturelle Belange. Erstmals kam es auch zu staatlichen Maßnahmen hinsichtlich des niederen Schulwesens.

Das Schulwesen war bisher im Aufgabenbereich der Kirche gelegen, die meist einklassige Pfarrschulen unterhielt. Im Bezirk Murau gab es nur wenige derartige Einrichtungen, wenngleich in Murau selbst schon seit 1304 ein Schulmeister nachweisbar ist.

Selten stand ein eigenes Schulgebäude zur Verfügung, so daß der Unterricht meist im Wohnraum des Lehrers abgehalten werden mußte. Dieser hatte in erster Linie die Obliegenheiten eines Organisten und Mesners zu erfüllen und bezog aus dieser Tätigkeit seine Haupteinnahmen. Die Einkünfte eines Lehrers waren jedoch kärglich, so daß vor allem auf dem Land oft nur schlecht ausgebildete Schulmeister wirkten. Die Zahl der Schüler war gering und starken Schwankungen unterworfen, da die Kinder in der Regel zu häuslichen Arbeiten herangezogen wurden und während der Erntezeit überhaupt wegblieben. Der Bildungsstand war daher bei einem Großteil der bäuerlichen Bevölkerung äußerst niedrig. Auch das Eingreifen des Staates vermochte diesen Zustand nur langsam zu verbessern. Im Jahre 1774 kam es mit der Allgemeinen Schulordnung für die deutschen Normal-, Haupt- und Trivialschulen zur Einführung der Schulpflicht, zur Verbesserung der Lehrerausbildung und zur Vorschreibung neuer Unterrichtsmethoden. Nun entstanden in vielen kleinen Gemeinden Schulen, und dennoch konnten nicht alle schulpflichtigen Kinder für den Unterricht erfaßt werden. Da die Pfarrbewohner meist weit verstreut in der Umgebung lebten, scheiterte der Schulbesuch der Kinder oft schon an dem langen Schulweg.

Gerade in unserem Bezirk litt die straffe Durchführung der Schulreform unter finanziellen Schwierigkeiten. Die Bevölkerung sollte zum Unterhalt des Lehrers beitragen, — was meist durch die Beistellung von Naturalien geschah —, war aber in

der Regel selbst so arm, daß es oft schon an der nötigen Kleidung
für den Schulbesuch mangelte. Dazu fehlte eine positive Einstellung zum Schulwesen überhaupt. Die materielle Belastung
der Eltern durch die Schule trug zu dieser ablehnenden Haltung wesentlich bei. Die Mittel aus dem Schulfonds reichten
bei weitem nicht aus, alle erforderlichen Unterstützungen zu
gewähren. Daher mußten viele Schulen, die nach der Schulreform gegründet worden waren, wenige Jahre später wieder
geschlossen werden.

Nach der Einführung der allgemeinen Schulpflicht dauerte
es noch fast ein Jahrhundert, bis das damit angestrebte Ziel
einigermaßen verwirklicht werden konnte. Im Jahre 1809 gab
es noch etliche Pfarren wie Ranten oder St. Peter am Kammersberg, wo nicht einmal ein Viertel aller schulpflichtigen
Kinder am Unterricht teilnahm. In einigen Pfarren, wie
zum Beispiel Frojach, bestand überhaupt noch keine Schule, soweit nicht der Pfarrer selbst die Unterweisung der Kinder auf
sich nahm. Erst nach 1810 ist ein langsam zunehmendes Interesse der Bevölkerung am Unterricht und ein Ansteigen der
Schülerzahl festzustellen.

Nachdem die Reformen aus dem 18. Jahrhundert nur weg-
bereitend für ein umfassendes allgemeines Schulwesen gewirkt
hatten, brachte das Reichsvolksschulgesetz von 1869 endlich
die entscheidende Wendung und wurde zum Grundstein für
die heutige österreichische Volksschule.

Kaiser Josef II. griff auch in den komplizierten Aufbau der
kirchlichen Verwaltung ein und veranlaßte die Einteilung der
Steiermark in drei Bistümer: Leoben, Graz und Lavant.

Es folgte eine Regulierung der Pfarren, wobei große Pfarren in zahlreiche kleinere und in Lokalkaplaneien aufgeteilt
wurden. Die Kosten für diese Neuordnung sowie für die Erhaltung jener Pfarren, die keine Pfründe besaßen, sollten aus
dem Religionsfonds bestritten werden. Dieser war mit dem
Vermögen aufgehobener Klöster gegründet worden, und die
Zinsen daraus hatten die „Congrua", den Unterhalt der Pfarrer, zu decken.

Von der Aufhebung durch Kaiser Josef II. war auch das
Benediktinerstift St. Lambrecht betroffen. Nachdem im Jahre

Stift St. Lambrecht um 1756

1746 noch 16.679 Stiftsuntertanen gezählt worden waren, traf 1786 diesen Besitz ein harter Schlag. Ein Großteil der prunkvollen Ausstattung des Klosters wurde im Zuge der Aufhebung versteigert, vieles gelangte in unbekannte Hände und verschwand. Nur wenig von den in den Inventarverzeichnissen angeführten Schätzen blieb erhalten. Silberarbeiten, Zinngeschirr, Kunstwerke aus Elfenbein, Zimmerspaliere, Möbel und wertvolle Stücke der Bildergalerie wechselten den Besitzer. Ein Teil der Gebäude konnte verkauft werden, doch das Schloß fand keinen Abnehmer und fiel der Demolierung zum Opfer. Im Jahre 1793 wurde das Dach abgetragen, und das brauchbare Baumaterial kam bei der Errichtung anderer Bauten zur Verwendung. Lediglich die Peterskirche blieb vor dem Verfall bewahrt, weil ein Bürger von St. Lambrecht sie erwarb. Vom Stiftsgebäude versteigerte man sogar die Türen und Fenster, was seinen Verfall noch beschleunigte.

Als im Jahre 1802 Kaiser Franz II. die Wiederherstellung des Klosters anordnete, waren hohe Beträge erforderlich, um wenigstens das Nötigste instandzusetzen. Das Schloßgebäude zeigte jedoch bereits einen derart schlechten Bauzustand, daß an eine Sanierung aus finanziellen Gründen nicht zu denken war. Nach Abtragung der letzten Mauerreste und Einebnung des Platzes entstand hier ein weitläufiger Park, in dem nur mehr Turm und Schloßkapelle an die einstige Pracht erinnern. Das Kloster erholte sich lange nicht von dem schweren Rückschlag durch die Aufhebung. Es kam zwar zu umfangreichen Restaurierungsarbeiten, doch ein bedeutendes Kunstschaffen konnte sich nicht mehr entfalten.

Die Franzosenkriege

Die Zeit der großen Reformen ging mit dem Tode Kaiser Leopolds II. zu Ende. Denn die nach der Französischen Revolution folgenden Kriege zogen auch Österreich in Mitleidenschaft und legten dem ganzen Land schwere Lasten und Opfer auf. Auch der Bezirk Murau war von den Ereignissen unmittelbar betroffen.

Im Jahre 1797 drängte General Napoleon Bonaparte die österreichischen Truppen aus der Poebene in die Alpentäler zurück und bahnte sich über Kärnten einen Weg in die Steiermark. Bei Einöd versuchten die zurückweichenden Österreicher Widerstand zu leisten und wurden in ein verlustreiches Gefecht verwickelt. Sie konnten jedoch den nachrückenden Feind nicht aufhalten. Die Franzosen zerstörten mehrere Dörfer um Neumarkt, plünderten den Markt selbst und drangen weiter ins Murtal vor. Vom 3. bis zum 7. April 1797 hatte Napoleon auf Schloß Schrattenberg sein Hauptquartier aufgeschlagen und dort an die dreihundert Mann untergebracht. Von hier aus soll er einen Ausritt nach Triebendorf gemacht haben, um Römersteine zu besichtigen. Nach den Schilderungen eines Murauer Oberjägers haben am 4. April etwa 14.000 Mann zu Fuß und zu Pferd Murau und seine Umgebung besetzt. Nach einem mißglückten Versuch, durch den Lungau über den Radstädterpaß weiterzuziehen, kehrten die Franzosen um und zogen am 7. und 8. April in Richtung Bruck ab. Dabei verschonten sie die Bevölkerung nicht mit Plünderungen und verlangten ihr schwere Opfer ab. Zwei Bauern, die sich weigerten, die gewünschten „Requisiten" herauszugeben, wurden erschossen. Schlachtochsen, Heu, Hafer, Brot und Getränke aller Art beanspruchten sie im Überfluß. Banden von Soldaten durchstreiften die ganze Gegend und überfielen vor allem die Wirtshäuser. Vom Gestüthof bei Murau schleppten sie dreißig Pferde weg.

Nach der Unterzeichnung des Vorfriedens von Leoben am 18. April 1797 verließen die Franzosen das Land, doch der Friede währte nicht lange. Schon zwei Jahre später stand Österreich, verbündet mit Rußland und England, wieder im

Krieg mit Frankreich. Damals nahmen russische Truppen unter dem Oberkommandanten General Suwarow ihren Weg durch das Murtal, um in Italien den Österreichern Unterstützung zu leisten. Schrattenberg diente wieder einige Tage als Hauptquartier und nahm 1400 Soldaten auf. Auch dieser Krieg verlief für Österreich ungünstig, und abermals besetzten Franzosen das Land. Am 25. Dezember des Jahres 1800 ließen sich französische Soldaten in Murau nieder und führten hier auf Kosten der Bevölkerung ein behagliches Leben. Ihre Offiziere gaben sogar ein Theaterstück zum besten.

Die Bevölkerung stöhnte unter der Last der Ablieferungen an das Besatzungsheer. Erst im März 1801 zogen die Franzosen wieder ab, nachdem der Friede von Lunéville schon im Februar abgeschlossen worden war.

Während des dritten Franzosenkrieges im Jahre 1805 blieb das obere Murtal weitgehend verschont, doch vier Jahre später tobte wieder Kriegslärm in unserem Gebiet. Französische Besatzungstruppen kamen über Neumarkt ins Murtal und plünderten in der ganzen Gegend. Das Bezirkskommissariat Murau mußte laufend größere Lieferungen an Brot, Bier, Fleisch, Heu, Stroh und Hafer zur Versorgung der feindlichen Soldaten in die Marschstation nach Unzmarkt abliefern. Oberwölz, Winklern und Schönberg konnten die gestellten Forderungen nach Pferden nicht erfüllen und hatten daher Exekutionskosten zu zahlen.

Zu Beginn des Jahres 1810 zogen die Franzosen wieder ab, doch mit dem Ende dieses Krieges verschwanden keineswegs auch Not und Elend aus dem Land. In den folgenden Jahren trieb die wirtschaftliche Entwicklung mit dem Staatsbankrott im Jahre 1811 ihrem Zusammenbruch entgegen, denn die Eintreibung ungeheurer Kriegskosten brach über die verarmte Bevölkerung herein. Die allgemeine Zerrüttung wurde durch die katastrophalen Mißernten in den Jahren 1816 und 1817 noch verschärft. Das 19. Jahrhundert hatte mit Krieg und Elend begonnen.

Aller Wahrscheinlichkeit nach verdanken wir dem letzten Franzoseneinfall die Krakaudorfer Schützengarde und den Samson. Darüber wird folgendes berichtet: Im Jahre 1809

Samson von Krakaudorf

wurde Krakaudorf von einer französischen Streifpatrouille heimgesucht, die aber ohne Schaden anzurichten, bald wieder abmarschierte. Doch einer der Soldaten, dessen Heimat an der belgischen Grenze gelegen sein soll, blieb zurück und lebte sich bald gut ein. Am Fronleichnamsfest begleitete er in seiner Uniform den Baldachin und gab damit die Anregung für die Aufstellung einer ganzen uniformierten Abteilung. Als Vorbild wurde dabei die österreichische Grenadieruniform mit einer Änderung der Hosenfarbe gewählt. Aus Freude über den Anklang, den diese Garde unter der Bevölkerung fand, bastelte der Franzose auch eine Samsonfigur. Nicht geklärt ist, ob er die Anregung hiefür aus seiner Heimat oder aus dem Lungau bezogen hat, wo dieser Brauch schon seit längerer Zeit bestanden hatte.

Bäuerliche Schützengarden gibt es auch in Ranten, Schöder und St. Peter am Kammersberg. Zu ihren Uniformen aus der napoleonischen Zeit tragen sie Grenadiermützen aus den Tagen Maria Theresias und pflegen noch das uralte „Fahnenschwingen".

Der Ursprung dieser Schützengarden ist ebenso ungeklärt wie jener der Murauer Bürgergarde, doch dürften sie alle früher einmal die Aufgabe einer Schutztruppe erfüllt haben.

Das 19. Jahrhundert

Die Folgen der langen Kriegszeit wirkten sich in allen Bereichen des öffentlichen Lebens nachteilig aus. Die Reformen unter den Herrschern Maria Theresia und Josef II. erschienen durch die Entwicklung in den letzten Jahrzehnten überholt. Eine allgemeine Verarmung und Interesselosigkeit in staatlichen Belangen machte sich breit.

Jegliches Aufkommen von neuem Gedankengut wurde vom absolutistisch gelenkten Staat erstickt, und ein umfangreiches Polizeiwesen überwachte das ganze Volk. Zensur- und Spitzelwesen beschränkten die Entfaltungsmöglichkeit geistigen Lebens. Ein komplizierter Verwaltungsapparat ließ der Bevölkerung auf Schritt und Tritt die Macht des absoluten Staates entgegentreten.

In der gesellschaftlichen Rangordnung standen Adel und Offiziere an der Spitze. Ihnen blieben die höchsten Stellen in der Hierarchie des Beamtenwesens vorbehalten, und sie sorgten für eine deutliche Kluft zum Bürgertum. Das Großbürgertum hatte sich von seiner alten Welt der ruhigen Entwicklung zum behäbigen Wohlstand noch nicht losgerissen und zeigte vor allem für technische Neuerungen wenig Sinn. Handwerker und Gewerbetreibende, die Repräsentanten des Kleinbürgertums, waren verarmt und vermochten in ihrer Unzufriedenheit nicht den entscheidenden Schritt zu einem neuen Anfang zu setzen. Der Bauernstand lebte immer noch in Abhängigkeit von den Grundherrschaften und mußte bis auf wenige Ausnahmen das Los der Armut ertragen. Seine Unzufriedenheit wurzelte in den Abgaben- und Robotverpflichtungen gegenüber den Grundherren und in dem aufkeimenden Gedankengut der Gleichheit aller vor dem Gesetz. Die bestehenden Lasten wurden als drückend und unzeitgemäß empfunden, und die allmähliche Verbreitung des Schulwesens mag nicht unwesentlich dazu beigetragen haben, daß die Bauern sich mit ihrer sozialen und wirtschaftlichen Stellung innerhalb des Staates auseinanderzusetzen begannen.

Die wirtschaftlichen Verhältnisse waren zerrüttet, und vor allem das Eisenwesen, heute wie damals der markanteste Wirtschaftsfaktor der Steiermark, lag darnieder. Erst Erzherzog Johanns segensreiche Tätigkeit auf geistigem, kulturellem und wirtschaftlichem Gebiet führte wieder eine Wende herbei. Mit der Gründung einer Steiermärkischen Landwirtschaftsgesellschaft und einer Vordernberger Radmeister-Kommunität setzte er bezeichnende Meilensteine seines Wirkens für den Wiederaufstieg unseres Landes. Bald konnte die steirische Eisenerzeugung wieder der ausländischen Konkurrenz entgegentreten und dank der allgemeinen Beruhigung der wirtschaftlichen Lage mit den Neuerungen der industriellen Revolution im Schritt bleiben.

Doch die Unzufriedenheit im Lande blieb bestehen und hatte ihre Ursache nicht zuletzt in der konservativen, absolutistischen Regierungsform, die das gesamte öffentliche Leben streng überwachte. Aber alle staatliche Wachsamkeit konnte nicht verhindern, daß in den gehobenen bürgerlichen Kreisen allmählich gemäßigt liberale Anschauungen Verbreitung fanden. Träger dieses Ideengutes waren der gebildete Mittelstand, der niedere Adel, Bürgerliche, Beamte und auch Gutsbesitzer.

Im Jahre 1848 kamen Mißmut und Unzufriedenheit im Lande offen zum Ausbruch. Eine Revolution konnte zwar beim ersten Aufflackern erstickt werden, doch eine vollkommene Umgestaltung der politischen, sozialen und wirtschaftlichen Verhältnisse war nicht mehr aufzuhalten. Die Verwirklichung der neuen Formen verzögerte sich jedoch noch einige Zeit durch das Wiedererstarken des Absolutismus im ersten Jahrzehnt nach dem Revolutionsjahr.

Den größten Erfolg brachte das Jahr 1848 dem Bauernstand durch die Befreiung seines Grund und Bodens von allen Verpflichtungen gegenüber den Grundherrschaften. Zwei Drittel des Gesamtwertes aller aufgehobenen Abgaben und Dienstleistungen an die Grundherrschaft wurden den entrechteten Grundherren als Entschädigung zugesprochen. Ein Drittel davon hatte der Bauer abzugelten, das zweite Drittel übernahm der Staat, den Rest mußte der Grundherr selbst tragen. Für ihn bedeutete die Entbindung von seinen althergebrachten Rechten auch gewisse Einsparungen, vor allem im Verwaltungswesen für die anbefohlenen Untertanen. Denn die Aufgaben, die bisher die Grundherrschaften im öffentlichen Leben zu erfüllen gehabt hatten, gingen nun auf den Staat über. Mit der Aufhebung der grundherrlichen Gerichtsbarkeit rückte der Bauer zum gleichberechtigten Staatsbürger auf und trat, befreit von Robot und Zehent, in ein neues, unpersönliches, direktes Verhältnis zum Gemeinwesen. Die Sicherheit des Landes gehörte nun zum Aufgabenbereich des Staates, und 1849 wurde in Erfüllung der damit verbundenen Obliegenheiten die Gendarmerie als zivile Schutztruppe geschaffen.

Mit der Reorganisation der politischen Verwaltung verringerte sich in der Steiermark die Zahl der Kreisämter auf drei, die jedoch 1859 gänzlich aufgelassen wurden. An die Stelle des bisherigen Guberniums trat eine Statthalterei mit Sitz in Graz, der die Bezirksämter als unterste Verwaltungsbehörde unterstanden. Auch in Murau wurde damals ein Bezirksamt eingerichtet. Im Jahre 1859 kam es zur Trennung des Rechtswesens von der politischen Verwaltung. Anstelle der Bezirksämter errichtete man Bezirkshauptmannschaften und Murau wurde der Sitz einer solchen. Der politische Bezirk Murau umfaßt seitdem die drei Gerichtsbezirke Murau, Oberwölz und Neumarkt.

Um die Mitte des 19. Jahrhunderts wurden auch die ersten Postämter im Bezirk eingerichtet, und zwar in Murau und Oberwölz 1850 und in St. Lambrecht 1865. Vorher hatten sogenannte „Briefbeförderer" und später „Briefsammler" den Postverkehr für den Bezirk über das Vertragspostamt in Unzmarkt abgewickelt.

In der zweiten Hälfte des 19. Jahrhunderts setzte im Bezirk Murau ein Entwicklungsprozeß ein, der die völlige wirtschaftliche Umstrukturierung dieses Gebiets zur Folge hatte. Die Auswirkungen der industriellen Revolution zeigten sich hier vor allem in einem unaufhaltsamen Niedergang der Hammerwerke. Der rasch steigende Bedarf an hochwertigem Eisen und Stahl, nicht zuletzt bedingt durch den Siegeszug der Dampfeisenbahn, erforderte leistungsfähigere und rationellere Produktionsstätten. Die Standortorientierung solcher Betriebe erfolgte nicht mehr nach Wald und Wasserkraft, sondern nach Erzlagern, Kohlenvorkommen und günstigen Verkehrsverbindungen. Die Hammerwerke im oberen Murtal führten daher

Mитаu ит 1830

einen aussichtslosen Kampf gegen den technischen und wirtschaftlichen Fortschritt und mußten nach und nach ihre Wasserräder stillegen. Mit der Eröffnung der Kronprinz-Rudolf-Bahn von Wien durch das Murtal und weiter über den Neumarkter Sattel in den Süden im Jahre 1868 blieb der Bezirk Murau am Rande eines wichtigen wirtschaftlichen Lebensstranges liegen.

Im oberen Murtal litten nicht nur das Hammerwesen, sondern auch Viehhandel und Landwirtschaft immer stärker unter der abgeschiedenen Verkehrslage. Der Bau der Murtalbahn von Unzmarkt bis in den Lungau brachte zwar im Jahre 1894 den ersehnten Anschluß an die große Verkehrslinie und auch eine Belebung der Wirtschaftstätigkeit von Scheifling murauwärts. Doch die Voraussetzungen für Industrieansiedlungen konnten damit nicht geschaffen werden. Wald- und Forstwirtschaft, Holzhandel und Holzverarbeitung vermochten nur einen ungleichen Ersatz für die absterbenden Eisenhämmer zu bieten. Die vom Eisen geprägte wirtschaftsgeschichtliche Epoche fand mit der Stillegung des Hochofens in Turrach im Jahre 1909 und der Einstellung des Prixenhammers bei Murau im Jahre 1923 ihr unwiderrufliches Ende.

Die jüngste Vergangenheit

Die Randlage des oberen Murtales brachte diesem Gebiet seit Beginn des 20. Jahrhunderts eine verhältnismäßig ruhige Entwicklung, doch gingen auch hier die großen politischen Ereignisse dieser Zeit nicht spurlos vorüber.

Der Bezirk Murau blieb im Ersten Weltkrieg von unmittelbaren Kampfhandlungen verschont. Murau und Schloß Obermurau waren jedoch von Militärverbänden besetzt. Im Jahre 1918 kam es unter dem in Murau stationierten Feldjägerbataillon Nr. 7, in dem vorwiegend Slowenen dienten, zu einer Revolte, die rasch niedergeschlagen werden konnte. Der Rädelsführer wurde standrechtlich erschossen.

Das prächtige Barockschloß Schrattenberg war als Genesungsheim für verwundete Soldaten eingerichtet und diente etwa

Schloß Schrattenberg im Jahre 1913

500 Mann als Unterkunft. Am 26. August des Jahres 1915 brach hier ein Brand aus, der rasch um sich griff und einen Großteil des Bauwerkes sowie nahezu alle Kunstschätze einäscherte. Die Ursache dieser Feuersbrunst konnte nicht eindeutig geklärt werden, doch dürfte grobe Fahrlässigkeit nicht auszuschließen sein. Eines der schönsten Schlösser in der Obersteiermark wurde damals vernichtet. Die heute noch erkennbaren Ruinen lassen nur wenig von der einstigen Pracht ahnen.

Während der Kriegsjahre bauten russische Gefangene die Straße auf die Stolzalpe aus, denn der Plan zum Bau einer Sonnenheilstätte wurde bereits viel diskutiert. Im Jahre 1920 konnte man dann das Kinderheim eröffnen, vier Jahre später die Kinderheilstätte, und seit 1929 blickt das stattliche Kurhaus ins Murtal herunter, heute als Landessonderkrankenhaus eingerichtet.

Nach dem Zusammenbruch der Donaumonarchie und der Ausrufung der Republik im Jahre 1918 folgten schwere Jahre unter wirtschaftlich zerrütteten Verhältnissen, den Auswirkungen eines verlorenen Krieges. Rasch fortschreitende Geldentwertung und zunehmende Arbeitslosigkeit waren der Nährboden für wachsende politische Spannungen. Zusammenstöße zwischen den halbmilitärischen Selbstschutzverbänden der politischen Parteien standen auf der Tagesordnung und erreichten ihren Höhepunkt im Jahre 1934. Nach der Niederwerfung der Erhebung der sozialdemokratischen Arbeiterschaft im Februar kam es im Juli zum Putsch der Nationalsozialisten, bei dem in Wien Bundeskanzler Dollfuß ermordet wurde. Aktive Anhänger der nationalsozialistischen Partei, die bereits 1933 verboten worden war, versuchten nun nach Deutschland zu fliehen, weshalb die Grenzen mit Militär, Exekutive und freiwilligen Wehrverbänden gesichert wurden. Im Jahre 1934 wurde auch bei Predlitz eine Gruppe gestellt, die von Kärnten über die Turracher Höhe ihren Weg ins Murtal suchte, um nach Deutschland zu entkommen. Angehörige der Heimwehr, die am Eingang zum Turrachgraben verschanzt waren, eröffneten das Feuer, in dem etliche dieser Anhänger des Nationalsozialismus getötet oder verwundet wurden. Die übrigen transpor-

St. Peter am Kammersberg

Ranten

Schöder

Niederwölz

tierte man als Gefangene nach Murau ab. Auch Niederwölz und Scheifling waren Schauplätze blutiger Zusammenstöße, die Todesopfer forderten. Es soll dabei sogar zu grausamen Ausschreitungen gekommen sein.

Im Jahre 1938, nach dem politischen Anschluß an Deutschland, konfiszierte der Staat das Stift St. Lambrecht und wies alle seine Güter dem Lande Steiermark zu. Kunstschätze, soweit sie nicht als kirchliche Geräte benötigt wurden, mußten dem Joanneum in Graz übergeben werden. Möbel wie sonstige Einrichtungsgegenstände wurden verkauft oder vernichtet. Zahlreiche Kunstwerke gingen damals unwiederbringlich verloren und konnten auch nicht zurückgestellt werden, als 1947 das Stift mit den noch vorhandenen Wertgegenständen dem Orden zurückgegeben wurde.

Von den Kampfhandlungen des zweiten Weltkrieges blieb unser Bezirk so gut wie verschont und hatte auch nicht unter Bombenangriffen zu leiden. In Murau selbst fiel nur eine einzige Bombe, und zwar in der Nähe des Bahnhofs, richtete aber keinen Schaden an. Angriffe von Tieffliegern auf die Murtalbahn im Februar 1945 forderten jedoch bei Scheifling fünf Todesopfer.

Mit dem Ende des zweiten Weltkrieges drohte unserem Bezirk der Einmarsch russischer Besatzungstruppen, die von Judenburg her ins obere Murtal vordrangen. Nur rascher Entschlossenheit und tatkräftigem Vorgehen war es zu verdanken, daß der Vormarsch bei Scheifling aufgehalten werden konnte, bis über den Neumarkter Sattel englisches Militär von Kärnten her vorgerückt war und unser Gebiet besetzte.

'Bald nach Kriegsende begann in der Steiermark ein zähes Ringen um den Wiederaufbau des zerstörten Landes. In dem inzwischen verflossenen Vierteljahrhundert gelang es, die Spuren des Krieges zu beseitigen und einen raschen wirtschaftlichen Aufstieg herbeizuführen. Auch im Bezirk Murau zeigten sich allmählich die Früchte entschlossenen Aufbauwillens, und zunehmender Wohlstand bestätigt die Richtigkeit des eingeschlagenen Weges. Doch die einseitig land- und forstwirtschaftliche Struktur und die verkehrsgeographische Randlage des Gebietes erweisen sich dabei immer wieder als ein besonderes Problem. Erst in jüngster Zeit zeigen sich Versuche, neben den ansässigen kleineren Betrieben auch größere Produktionsstätten gewerblicher und industrieller Art anzusiedeln, um der immer noch anhaltenden Landflucht zu begegnen, Arbeitsplätze bereitzustellen und die Verdienstmöglichkeiten zu verbessern.

Schon frühzeitig wurde erkannt, daß für unser Gebiet die besten Chancen, am wirtschaftlichen Aufstieg teilzunehmen, im Fremdenverkehr liegen. Der landschaftliche Reiz des oberen Murtales, die Ruhe der umliegenden Bergwelt, die erholsame Pracht der Wälder, die Frische rauschender Gewässer und nicht zuletzt die Spuren einer reichen Vergangenheit vereinen sich hier zu einem Idyll, dessen Anziehungskraft es zu nützen gilt. Die verkehrsmäßige Erschließung machte rasche Fortschritte und brachte mit der Fertigstellung der Tauernautobahn durch den Lungau und einer Zubringerstraße von Scheifling her neue Impulse. Das Straßennetz im Bezirk wird durch Verbreiterungen und Umfahrungen von Ortschaften laufend verbessert. Die Murtalbahn ist zu einer selbst im Ausland bekannten Attraktion geworden.

Verbesserte Verkehrswege eröffnen dem Fremden im Winter wie im Sommer eine Fülle von Möglichkeiten, im Bezirk Murau Ruhe und Erholung zu finden. Zahlreiche Lifte erschließen dem Schifahrer beliebte Wintersportgebiete wie die Turracher Höhe, den Kreischberg, die Frauenalpe und das Lachtal. Murau konnte als Austragungsort der nordischen Disziplinen über die Grenzen Österreichs hinaus bekannt werden. In den Sommermonaten laden Wanderungen und Bergpartien zu längerem Aufenthalt ein oder locken kleinere Badeseen mit blinkendem Naß. Vom Schifahren und Bergsteigen über Jagen, Fischen, bis zum Schwimmen und Paddeln reichen die Möglichkeiten körperlicher Betätigung für den Urlauber.

Dem historisch Interessierten bieten vor allem Neumarkt, St. Lambrecht, Oberwölz und Murau reiche Anregung. Das Heimatmuseum der Stadt Murau, das Mag. Gasteiger mit viel Liebe und Sorgfalt aufgebaut hat, verdient hier besondere Erwähnung. In den Schauräumen des Stiftes St. Lambrecht ist die berühmte Vogelsammlung des Pater Blasius Hanf zu sehen, der als erster die seltene Vogelwelt am Furtnerteich beobachtet und erforscht hat. Im Gedenken an diesen bekannten Ornithologen wurde am Furtnerteich eine kleine Beobachtungsstation eingerichtet. Das Stiftsgebäude birgt außerdem eine Sammlung volkskundlich interessanter Gegenstände, die Pater Romuald Pramberger zusammengetragen hat.

Ein kostbares Gut sind auch die aus dem Mittelalter in unsere Tage überlieferten Volksschauspiele, wie sie in St. Georgen ob Murau und in Steirisch Laßnitz von Zeit zu Zeit noch aufgeführt werden.

Vieles ist im Bezirk Murau aus der Vergangenheit erhalten geblieben. Die Zeugnisse bewahrter Geschichte und die Vorzüge der obersteirischen Bergwelt sind heute unschätzbare Werte für Gegenwart und Zukunft unseres Gebietes. Es ist zu hoffen, daß diese Kostbarkeiten nicht durch Unkenntnis und Verständnislosigkeit verloren gehen.

Quellen und Literatur

A. UNGEDRUCKTE QUELLEN

Aus dem Steiermärkischen Landesarchiv in Graz:
Stadtarchiv Murau
Landschaftsarchiv, örtliche Reihe Murau
Aus dem Heimatmuseum Murau:
M a n n i c h Adolf, Murauer Häuserbuch, unveröffentlichtes Manuskript
Aus den Schwarzenbergischen Archiven in Murau:
Alte Registratur Sig. M III Militaria, 1 d

Die Pfarrchroniken der Pfarren
Murau
St. Georgen ob Murau
Ranten
Schöder
St. Peter am Kammersberg
Neumarkt
St. Marein bei Neumarkt

G e n t a Sepp, Ortsgeschichte von Katsch, Murau 1957, unveröffentlichtes Manuskript der Schulleitung Katsch

B. GEDRUCKTE QUELLEN UND LITERATUR

A p p e l t Heinrich, Die Entstehung des Landes, in: Die Steiermark — Land, Leute, Leistung, Graz 1956

B a r a v a l l e Robert, Burgen und Schlösser der Steiermark, Graz 1961

B e r g m a n n Josef, Anna Gräfin zu Schwarzenberg geb. Neumann zu Wasserleonburg, Abschrift aus dem Juliheft des 5. Jg. der k. k. Central Commission zur Erforschung und Erhaltung der Baudenkmale, Schwarzenbergische Archive, Murau

B e c k - Widmanstetter, Zwei Porträts eines historischen Ehepaares im Schlosse Murau, Graz 1887

B e y e r Richard, Die Pest in Murau, in: Festschrift „Neues der Woche", Graz 1929

B i s c h o f f Ferdinand, Über Murauer Stadtbücher, in: Beiträge zur Kunde steiermärkischer Geschichtsquellen, 11. Jg., Graz 1874

Blau-Weiße Blätter, hrsg. von den Schwarzenbergischen Archiven in Murau, IV. Jg., Nr. 4 1956, VI. Jg., Nr. 4 1958, VII. Jg., Nr. 3-4 1959, IX. Jg., Nr. 4 1961, XII. Jg., Nr. 3 1964, XV. Jg., Nr. 2 1967.

B r a u n e r Franz, Das Murtal von Predlitz bis Unzmarkt, in: Steirische Heimathefte, Heft 7, Graz 1951
Steirisches Brauchtum im Jahrlauf, Graz 1955

B r o d s c h i l d Fritz, Der Eisenbergbau auf der Herrschaft Murau, in: Schwarzenbergischer Almanach 1968, Murau 1968

B r o d s c h i l d Renate, Die Entwicklung der Pfarrschulen in den Dekanaten Murau und Schöder, phil. Diss., Graz 1967

B y l o f f Fritz, Die Zaubereibeschuldigung gegen Anna Neumann von Wasserleonburg, BlfHk, 6. Jg., Heft 4, Graz 1928

D e d i c Paul, Der Protestantismus in der Steiermark im Zeitalter der Reformation und Gegenreformation, Leipzig 1930
Aus der Zeit der Gegenreformation und des Geheimprotestantismus in der Steiermark, Graz 1937
Die Verpflanzung steirischer Familien nach Ungarn in den Jahren 1752 — 1756, in: Das Joanneum II, Graz 1940
Geheimprotestantismus in der Gegend von Neumarkt, in: ZdHVfSt, XL. Jg., Graz 1949

E b n e r Herwig, Die Herrschaft Katsch, in: Landesfürst und Adel in Steiermark, von H. Pirchegger, 2. Teil, Graz 1955
Von den Edlingern in Innerösterreich, Archiv für vaterländische Geschichte und Topographie, 47: Bd., Klagenfurt 1954
Alte Hofnamen im oberen Murtale, BlfHk, 31. Jg., Graz 1957
Der Zehenthof in Peterdorf bei Katsch, BlfHk, 31. Jg., Graz 1957
Altburgstellen um Murau, in: Mitteilungen des Steirischen Burgenvereines, 9. Jg., Graz 1960
Burgen und Schlösser im Ennstal und Murboden, Wien 1963
Das obere Murtal, in: ZdHVfSt, Sonderband 13, Graz 1967
Kupferbergbaue im oberen Murtal, in: BlfHk, 42. Jg., Graz 1968

Erläuterungen zum Historischen Atlas der österreichischen Alpenländer, hrsg. von der Akademie der Wissenschaften in Wien,
I. Abt., Die Landgerichtskarte, 1. Teil, Salzburg, Oberösterreich, Steiermark, von Richter-Mell, Strnadt, Pirchegger, Wien 1917
I. Abt., Die Landgerichtskarte, 4. Teil, Kärnten, Krain, Görz und Istrien, von Jaksch, Wutte, Hauptmann, Mell und Pirchegger, Wien 1929
II. Abt., Die Kirchen- und Grafschaftskarte, 1. Teil, Steiermark, von Pirchegger, und 4. Teil, Steiermark II, von Pirchegger, Wien 1951

G a s t e i g e r Ernst, 650 Jahre Stadt Murau, Murau 1949
Bürgergarden und Schützenkompanien, in: BlfHk, 42. Jg., Heft 1, Graz 1968

G r u b i n g e r Marianne, Münzfunde in Noreia, in: Das Joanneum II, Graz 1940

G u t s c h e r Hans, Neumarkt in Steiermark und seine Umgebung in archäologischer Hinsicht, in: Jahresbericht des k. k. Staatsgymnasiums Leoben, Leoben 1909

H u t e r Franz, Handbuch der historischen Stätten Österreichs, 2. Bd., Stuttgart 1966
Die St.-Ulrich-Filiale in Krakau, in: BlfHk, 8. Jg., Graz 1930

H u t t e r Franz, Steirisch Lungau, in: ZdHVfSt, 23. Jg., Graz 1937
Der landesfürstliche Gschlachtenhof zu Schöder, in: ZdHVfSt, 34. Jg., Graz 1941
Der Zehentturm in Baierdorf, in: ZdHVfSt, 36. Jg., Graz 1943
Hauptpfarre und Gericht zu Ranten bei Murau, in: ZdHVfSt, 38. Jg., Graz 1947

J a h n e Ludwig, Anna Neumann, Das Leben einer Kärntner Frau, Abschrift, Schwarzenbergische Archive, **Murau**

J a k s c h August, Die Gründung des Benediktinerklosters St. Lambrecht in Steiermark, in: ZdHVfSt, 9. Jg., Graz 1911

J a n i s c h Josef Andreas, Topographisch-statistisches Lexikon von Steiermark, 3 Bände, Graz 1878 bis 1885

K a d l e t z Willi, Die Heimatmuseen im steirischen Oberland, Leoben 1958

K o b e r Leopold, Der geologische Aufbau Österreichs, Wien 1938

K r a u ß Ferdinand, Die eherne Mark, 2. Bd., Graz 1897

L e s k o v a r Friedrich, Geschichte der Pfarre Stadl bis 1800, theol. Diss., Graz 1952

L o s e r t h Johann, Die Reformation und Gegenreformation in den innerösterreichischen Ländern, Stuttgart 1898

M a n n i c h Adolf, Kurze Geschichte der Stadt Murau mit kleinem Fremdenführer, Murau 1929

M a y e r Robert, Die Talbildung in der Neumarkter Paßlandschaft und die Entstehung des Murtales, Graz 1926

M e z l e r - Andelberg Helmut, Abt Waltfried von St. Lambrecht, in: Neue Chronik, Nr. 18, Beilage zur Süd-Ost-Tagespost Nr. 283, Graz 1953

Der heilige Ägydius in der Steiermark, in: BlfHk, 29. Jg., Graz 1955
Aus der Frühzeit der steirischen Klöster, in: Die Steiermark — Land, Leute, Leistung, Graz 1956
Zur älteren Geschichte der Abtei St. Lambrecht, in: Carinthia I, 151. Jg., Klagenfurt 1961

Mitteilungen der k. k. Central Commission für Erforschung und Erhaltung der Kunst- und historischen Denkmale, XXII. Jg., Wien 1896 (Schloß Schrattenberg in Steiermark)

M o d r i j a n Walter, Fundberichte aus der Steiermark, in: BlfHk, 29. Jg., Graz 1955
Aus der Vor- und Frühgeschichte der Steiermark, in: Die Steiermark — Land, Leute, Leistung, Graz 1956
Die Vor- und Frühgeschichte, in: ZdHVfSt, Sonderband 8, Graz 1957
Verkehrswege der Vorgeschichte und Römerzeit, in: BlfHk, 35. Jg., Graz 1961
Das Verhältnis von Illyriern und Kelten in den Sudostalpen, in: BlfHk, 35. Jg., Graz 1961

M o t t l Maria, Steirische Höhlenforschung und Menschheitsgeschichte, Graz 1953

O c h e r b a u e r Ulrich, St. Cäcilia, Kunstdenkmäler Steiermarks, Nr. 1, Graz 1961

P f l ü g l Elfriede, Kleine Chronik von Neumarkt in Steiermark und seiner Umgebung, hrsg. vom Fremdenverkehrsverein Neumarkt

P i c h l e r Franz, Entrichestanne — Alterstein, in ZdHVfSt, 49. Jg., Graz 1968

P i f f l Meinhard, Postmeister, Postbeförderer und Briefsammler in: ZdHVfSt 26, Graz 1976

P i r c h e g g e r Hans, Geschichte der Steiermark, 3 Bände, Graz 1934 bis 1942
Landesfürst und Adel in der Steiermark, in: Forschungen zur Verfassungs- und Verwaltungsgeschichte der Steiermark, 12. Bd., Graz 1951

P i t t i o n i Richard, Ein frühbronzezeitliches Beil von Murau, in: BlfHk, 15. Jg., Graz 1937
Urgeschichte des österreichischen Raumes, Wien 1954

P o p e l k a Fritz, Die Anfänge der Stadt Oberwölz, in: Neue Chronik, Beilage zur Süd-Ost-Tagespost Nr. 211, Graz 1953
Murau im Mittelalter, in: ZdHVfSt, Sonderband 3, Graz 1957

P o s c h Fritz, Türken und Ungarn im oberen Murtal, in: Murtaler
   Zeitung, 51. Jg., Nr. 22, Judenburg 1962
   Das obere Murgebiet als geschichtliche Landschaft, in: Festschrift 50 Jahre Murtaler Zeitung, 51. Jg., Nr. 23, Judenburg 1962

R i e h l Hans, Die bildenden Künste in der Steiermark, in: Die
   Steiermark — Land, Leute, Leistung, Graz 1956

S c h l o s s a r Anton, Die Literatur der Steiermark in bezug auf
   Geschichte, Landes- und Volkskunde, Graz 1914

S c h l o s s a r Anton — Janda Otto, Bibliographie zur Geschichte,
   Landes- und Volkskunde Österreichs, 7. Abt., Steiermark,
   Linz 1932

S c h m i d Walter, Die Noriker, in: BlfHk, 4. Jg., Graz 1926
   Archäologische Forschungen in Steiermark in den Jahren 1927
   und 1928, in: BlfHk, 5. Jg., Graz 1927
   Noreia in der Überlieferung, in: BlfHk, 8. Jg., Graz 1930
   Forschungen in Noreia, in: BlfHk, 9. Jg., Graz 1931
   Die römische Poststation Noreia in Einöd, in: BlfHk, 9. Jg.,
   Graz 1931
   Der Münzfund von Saurau, in: ZdHVfSt, 26. Jg., Graz 1931
   Noreia, Zusammenfassung der Grabungsergebnisse 1929 — 1932,
   Sonderdruck aus „Mannus", Zeitschrift für Vorgeschichte, Bd. 24,
   Leipzig 1932
   Norisches Eisen, Beiträge zur Geschichte des österreichischen
   Eisenwesens, Abt. I., Heft 2, Wien-Berlin 1932
   Der Übergang von der Bronze- zur Eisenzeit, dargestellt an
   steirischen Funden, in: Das Joanneum II, Graz 1940
   Das Eindringen der römischen Kultur in Noricum, in: Das
   Joanneum VI, Graz 1943

S i d a r i t s c h Marian, Die steirischen Städte und Märkte
   in vergleichend-geographischer Darstellung, Sieger-Festschrift,
   Wien 1924

S i e g e r Robert, Landgerichte und Talschaften in der Ober- und
   Mittelsteiermark, in: ZdHVfSt, 15 Jg., Graz 1971

S ö l c h Johann, Die Landformung der Steiermark, Graz 1928

S t ö f f e l m a y r Karl, Wanderführer durch den Bezirk Murau, o. J.
   Blick in die Volkskunde des Gebietes um Murau, in: 650 Jahre
   Stadt Murau, Murau 1949

T h u r n e r Andreas, Tektonik und Talbildung im Gebiet des oberen
   Murtales, Wien 1951
   Erläuterungen zur geologischen Karte Stadl-Murau, Wien 1958

T i p p l Johann, Oberwölz, Graz, o. J.

T r e m e l Ferdinand, Die Niederlage der Stadt Murau 1490 — 1740,
in: Vierteljahrschrift für Sozial- und Wirtschaftsgeschichte,
XXXVI. Bd., Stuttgart 1943
Der Frühkapitalismus in Innerösterreich, Graz 1954
Murau als Handelsplatz in der frühen Neuzeit, in: ZdHVfSt,
Sonderband 8, Graz 1957
Land an der Grenze, Geschichte der Steiermark, Graz 1966

W e n g e r t Hermann, Die Stadtanlagen in Steiermark, Graz 1932

W o i s e t s c h l ä g e r Inge — Ebner Herzig, Österreichische Kunsttopographie, Bd. XXXV, Die Kunstdenkmäler des Gerichtsbezirkes Murau, Wien 1964, Bd. XXXIX,
Die Kunstdenkmäler des Gerichtsbezirkes Oberwölz, Lick 1973

W o n i s c h Othmar, Kleine Beiträge zur Kirchengeschichte Steier-
marks, in: ZdHVfSt, 17. Jg., Graz 1919
Die geschichtliche und territoriale Entwicklung des Landge-
richtes St. Lambrecht, in: St. Lambrechter Quellen und Abhand-
lungen, Bd. 1, Graz 1928
Neuaufgefundene Banntaidinge, ebenda
Das Benediktinerstift St. Lambrecht in Obersteier, Österreichi-
sche Kunstbücher, Bd. 25, o. J.
Der Hitrachbergbau zu St. Blasen bei St. Lambrecht, in: BlfHk.
25. Jg., Graz 1951
Die Kunstdenkmäler des Benediktinerstiftes St. Lambrecht,
Österreichische Kunsttopographie, Bd. XXXI, Wien 1951
Die Zugehörigkeit des Graslupptales zu Steiermark oder Kärn-
ten: Forschungen zur Verfassungs- und Verwaltungsgeschichte
der Steiermark, XIV. Bd., Graz 1956
Mariahof im Mittelalter, in: ZdHVfSt, 54. Jg., Graz 1963

Z a h n Josef, Murau im Bauernkrieg von 1525, in: Steiermärkische
Geschichtsblätter, 1. Jg., Graz 1880
Von Zauberern, Hexen und Wolfsbannern, in: Steiermärkische
Geschichtsblätter, 3. Jg., Graz 1882
Bericht über den Durchzug der kais. Truppen durch das obere
Murthal 1532, in: Steiermärkische Geschichtsblätter, 6. Jg.,
Graz 1885
Steirische Miszellen, Zur Orts- und Culturgeschichte der Steier-
mark, Graz 1899

Abkürzungen:

BlfHk: Blätter für Heimatkunde, hrsg. vom Historischen Verein
für Steiermark

ZdHVfSt: Zeitschrift des Historischen Vereines für Steiermark

ABBILDUNGSNACHWEIS:

Umschlagbild:	Ulrich von Liechtenstein, nach einer Reproduktion aus der Manessischen Handschrift, zur Verfügung gestellt von den Schwarzenbergischen Archiven, Murau
Rückseite:	Stadtsiegel von Murau aus dem Jahre 1278. Klischee aus der Klischeesammlung des Steiermärkischen Landesarchivs, Graz
Abb. S. 17, 22, 31, 89, 177:	Aus ZdHVfSt, Sonderband 8, Graz 1957. Klischees aus der Klischeesammlung des Steiermärkischen Landesarchivs, Graz
Abb. S. 28:	Nach Abb. 8 der ZdHVfSt, Sonderband 8, mit Genehmigung des Landesmuseums Joanneum, Abt. f. Vor- und Frühgeschichte
Abb. S. 19:	Aus Band Murau der österreichischen Kunsttopographie
Abb. S. 45, 46:	Dr. Kurt Roth
Abb. S. 46:	Verlag Alpina Innsbruck, Foto Dr. Roth
Abb. S. 48:	Bild- u. Tonarchiv am Landesmuseum Joanneum, Foto Fürböck
Abb. S. 93, 97:	Aus der Ortsbildersammlung des Steiermärkischen Landesarchivs
Abb. S. 99:	Aus Wanderführer durch den Bezirk Murau
Abb. S. 103:	Marktgemeinde Mariahof
Abb. S. 106:	Dir. Kurt Strohmeier, Scheifling
Abb. S. 114:	Hr. Marak, Krakaudorf
Abb. S. 116, 119, 122, 159, 161, 179:	Schwarzenbergische Archive, Murau
Abb. S. 127:	Steirischer Bauer nach Lazius 1561. Aus Tremel: Land an der Grenze
Abb. S. 168:	Aus Band St. Lambrecht der Österreichischen Kunsttopographie, Aufnahme Bundesdenkmalamt, Wien
Abb. S. 172:	Dr. Karl Nitsche, Landesbildstelle Graz
Alle übrigen Aufnahmen:	Verlag E. Mlakar, Judenburg
Stich:	Nach G. M. Vischer 1681

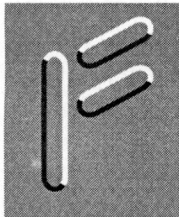

500 JAHRE BRAUTRADITION

Seit 1495

Murauer

B I E R

Rein das Beste

Unser Bier ist reinste Qualität und stimmungsvoller Genuß.

Anläßlich unseres 500-Jahr-Jubiläums wurden wir mit dem Recht zur Führung des Staatswappens ausgezeichnet.

Die 1. Obermurtaler Brauereigenossenschaft in Murau hat als erster österreichischer Brauereibetrieb ihre Produktions- und Betriebsstätten sowie Lager freiwillig nach Öko-Audit-Verordnung prüfen lassen und mit Erfolg bestanden.
Die Verordnung hat zum Ziel, die bisherige ordnungsrechtliche Umweltpolitik durch Anreize zur kontinuierlichen und selbstverantwortlichen Verbesserung des Umweltschutzes in den Betrieben zu ergänzen.